拥抱母亲河

第七届长江韬奋奖得主倾述黄河故事

王喜民◎著

新华出版社

图书在版编目（CIP）数据

拥抱母亲河 / 工喜民著 .
—— 北京：新华出版社，2024.5
ISBN 978-7-5166-7392-8

Ⅰ . ①拥…　Ⅱ . ①王…　Ⅲ . ①黄河—概况　Ⅳ . ① K928.42

中国国家版本馆 CIP 数据核字（2024）第 100850 号

拥抱母亲河

作者： 王喜民

出版发行： 新华出版社有限责任公司

（北京市石景山区京原路 8 号　邮编：100040）

印刷： 河北鑫兆源印刷有限公司

成品尺寸： 170mm×240mm　1/16　　**印张：** 26　**字数：** 340 千字
版次： 2024 年 10 月第 1 版　　**印次：** 2024 年 10 月第 1 次印刷
书号： ISBN 978-7-5166-7392-8　　**定价：** 128.00 元

微店　视频号小店　抖店　京东旗舰店

微信公众号　喜马拉雅　小红书　淘宝旗舰店　扫码添加专属客服

拥抱母亲河——黄河溯源示意图

黄河入海口

东营

泰山

济南

曲阜

聊城

梁山

兰考

开封

郑州

桃花峪

小浪底

嵩山

呼和浩特 偏关

河曲

太原

保德

壶口瀑布

碛口

洛阳

三门峡

孟县

济源

偃师

包头

鄂尔多斯

神木

榆林

佳县

延川

潼关

华山

韩城

延安

西安

巴彦淖尔

乌海

石嘴山

银川

青铜峡

沙坡头

兰州

黄河石林

刘家峡

西宁

循化

巴西

若尔盖

唐克

龙羊峡

贵德

黄河源

玛多

巴颜喀拉山

青海湖

作者从黄河入海口启程，穿越山东、河南、山西、陕西、内蒙古、宁夏、甘肃、四川、青海九省(区)，行5464公里，最后到达黄河源。

序

茫茫宇宙，浩瀚无际。

从太空看地球，亚洲有一道"几"字形带状线条——

那是世界第五长河黄河！

这是一条古老的河！

这是一条神圣的河！

这是一条壮丽的河！

这又是一条顽强不息的生命之河！

这，就是黄河：中华民族的母亲河、中华民族的摇篮和发祥地！

这，就是黄河：中华民族之根、之源、之灵魂！

黄河万里，奔流激荡，她孕育了古老而伟大的中华文明。保护黄河是事关中华民族伟大复兴和永续发展的千秋大计。让黄河成为造福人民的幸福河。

党和国家对黄河的建设保护十分重视。

2020 年 10 月 29 日，中国共产党第十九届中央委员会第五次全体会议通过《中共中央关于制定国民经济和社会发展第十四个五年规划和二〇三五年远景目标的建议》，提出建设黄河国家文化公园。

黄河国家文化公园，是中华文化的重要标志。黄河被称为中华民族的母亲河。以黄河文化为核心，形成了中华文明。黄河国家文化公园的建设，是黄河文化保护与传承的重要举措与手段。

黄河国家文化公园建设任务是构建黄河文化价值体系，争创中华优秀传统文化创造性转化、创新性发展先行区和示范区。再是构建黄河文化地标体系，以沿黄古都文化、黄河山水文化和黄河治理文化为主轴，以弘扬和践行社会主义核心价值观为主线。另是挖掘黄河治理文化，着力讲好中国共产党治黄故事，弘扬焦裕禄精神、吕梁精神、右玉精神、红旗渠精神……还有一项是保护传承黄河非物质文化遗产，建设好文化遗产项目库和抢救性调查及保护项目。

黄河国家文化公园涉及黄河沿线山东、河南、山西、陕西、内蒙古、宁夏、甘肃、四川、青海9个省（区）。目前，各地正在推进各项任务落实，建设保护工程项目已经启动。

黄河历史悠久，源远流长——

黄河，远古时期我们的祖先巢氏、燧人氏、伏羲氏、炎黄帝及尧、舜、禹等在黄河流域逐水草而居，生生不息……

黄河，用乳汁哺育了华夏儿女，用躯体繁衍了炎黄子孙，用臂膀撑起了祖国的脊梁，用血脉绘就了中国的龙图腾……

黄河，源远流长着上下五千年的文明史，蕴含着厚重博大的历史文化。

黄河，中华民族的象征：自强不息、百折不挠、坚韧不拔，桀骜不羁、坚贞不屈、勇往直前的英雄气概和民族精神！

黄河，让我们致敬！让我们拥抱！让我们亲吻！让我们眷恋！

黄河发源于世界屋脊青藏高原巴颜喀拉山北麓约古宗列盆地,自西而东一路蜿蜒,挟电裹雷、喷云吐雾、浩浩荡荡流经青海、四川、甘肃、宁夏北上内蒙古大拐弯,南下陕西、山西,东进河南、山东后注入波涛滚滚的渤海汇到太平洋……

黄河,世界长河之一,中国第二长河,全长5464千米,流域总面积79.5万平方千米。

黄河,极致绝美的自然风光——

"黄河之水天上来",穿白雪皑皑的青藏高原、沟沟壑壑的黄土高原,过悬崖峭壁的龙羊峡、积石峡、刘家峡、青铜峡、碛口、壶口瀑布,激流勇进,造就了汹涌澎湃的壮观景象,震撼心灵!

黄河美景"诗在远方":登泰山可观"黄河金带",攀嵩山可望"黄河东去",爬华山可瞧"影倒黄河里"……这一幅幅朦胧胧、"犹抱琵琶半遮面"的意境熠熠生辉,又是一大独具特色的自然现象!

鬼斧神工的黄河石林、巧夺天工的甘泉丹霞、金浪飘柔的沙坡头,碧水环绕的娘娘滩、红岩沙砾的坎布拉,还有沙湖、花湖、梁山泊、乌梁素海、孟达天池、鄂陵湖等又是大自然恩赐的优雅静谧的风光!

黄河九曲第一湾、乾坤湾、河套湾、U字湾、几字湾、响沙湾,展示了黄河壮丽优美的身姿!

黄河,孕育了异彩纷呈的人文景观——

当您站在黄河龙门眺望,那滔滔而去的水流旁有大禹治水的巨大塑像!

若您走过黄沙渡口,那里有康熙皇帝过黄河的步履足迹。

当您在巴颜喀拉山下赏看扎陵湖，那波光粼粼的湖边是文成公主和亲之地……

古老的黄河哺育了中华民族，也记录下来了很多历史人物：黄帝、蚩尤、孔子、玄奘、白居易、老子、司马迁及秦始皇、蒙恬、成吉思汗、十世班禅、王昭君等，其中故里、故居成为黄河沿线一大看点。

黄河流域蕴含着孔子文化、黄帝文化、仰韶文化、道家文化、虢国文化等珍贵、浓厚的历史文化。

文化遗产是黄河流域灿烂的一页，其龙门石窟、函谷关、明长城、炳灵石窟、少林寺、108塔、西夏陵、开封塔、碛口古镇、丝绸之路等成为国家级、世界级文化遗产，其中泰山为世界文化与自然双重遗产！

黄河，红色文化彰显民族精神——

如果您站在红军走过的毛尔盖大草原上，您可知有多少革命烈士的鲜血洒在长征路上！

如果您站在腊子口红军烈士碑前，不能不为红军攀岩的勇敢精神所震撼！

如果您走进济南战役遗址，定会仰慕在解放战争中牺牲的革命烈士……

传承红色基因，赓续红色血脉。黄河是中国革命的摇篮，红色文化的追寻之地。延安革命圣地、长征路巴西会议旧址、二七大罢工之地、智取华山旧址、永和红军东征纪念馆、韩城八路军东渡黄河遗址等红色历史遗迹，传承着革命志士和革命先烈的红色文化基因。

黄河红色文化，还有声音的力量。诞生于陕北土窑里的《东方红》《黄河大合唱》《南泥湾》等歌曲为推动中国革命呐喊助威！特别是著名的合唱曲目《保卫黄河》，热情歌颂中华民族源远流长的光荣历史和中国人民百折不挠的斗争精神，痛诉侵略者的残暴和人民遭受的深重灾难，广阔地展现了抗日战争的壮丽图景，并向全中国全世界发出了民族解放的战斗警号，彰显了中华民族坚强不屈的民族品格！

红色文化还有领导对黄河的关注。毛泽东视察黄河时讲："人说不到黄河心不死，我是到了黄河也不死心。"为此提出"要把黄河的事情办好"。

治理黄河造福人民，国家在黄河河道修筑了小浪底、三门峡、万家寨、三盛公等多处水库大坝，这些地方都成为旅游景区。

黄河红色文化记忆还有黄河河口"知青小镇"、兰考焦裕禄纪念林、陕北梁家河"知青墙"、金银滩"原子弹诞生地"等。

黄河，地域特色多姿多彩——

黄河自西到东跨越万里，之中有藏族、蒙古族、回族、土族、裕固族、撒拉族等。

黄河沿途可看陕北花鼓，可听蒙古族唱声，可赏青海民歌，可闻藏家奶茶。

黄河川流不息千万年，流淌着中华文明永续不绝的血脉，非物质文化遗产伴河而生、绵延相传。中华儿女在黄河的孕育下创造出了格萨尔、黄河泥埙、唐三彩、木版年画、钧瓷、风筝等令人惊叹的作品，成为古老的非遗传递黄河文化的新声。

　　黄河上游别具匠心的热贡雕刻、玉树唐卡、阴山岩画、甘肃"花儿"，更显民族文化艺术色彩斑斓。

　　而黄河中下游的陕西秦腔、山西梆子、河南豫剧、山东快书则是黄河文化的又一种体现。

　　拥抱吧！伟大祖国的母亲河！

　　亲吻吧！中华民族的发祥地！

作者王喜民于北京

2024 年 9 月

目录
Contents

黄河从茫茫的青藏高原巴颜喀拉山发源一泻千里，流经 9 省区在山东进入大海。黄河国家文化公园（山东段）构建"一廊一带四区多点"建设格局。"一廊"指黄河下游文化遗产保护廊道，"一带"指大汶河国家级生态文化带，"四区"指入海文化展示区、儒家文化展示区、东夷文化展示区、革命文化展示区等四大特色文化展示区，"多点"指多点联动的黄河文化公园实体。黄河流经山东段约 628 千米，过菏泽、聊城、济南、东营等地，造就了灿烂文化和自然风光：《孙子兵法》作者孙武故里、"天下第一泉"趵突泉、泰山"黄河金带"、孔子故里、《水浒传》故事发生地……

第一章

山东段：黄河之水奔流到海不复回

东营："白日依山尽，黄河入海流"

"白日依山尽，黄河入海流"。这句脍炙人口前的唐代诗人王之涣的诗句，一直在脑海中翻卷！

此时，我就站在黄河入海口的黄河三角洲中心城市东营制高点，面向东方，朝向黄河入海口，一轮红日腾空而上，冉冉升起，染红了黄河，涂红了天空，云蒸霞蔚，气象万千……

此时，我思绪万千……

今天，我要亲眼看看黄河国家文化公园（东营段）文化遗产保护廊道和入海文化展示区。

今天，我就要见证黄河入海口，就要驶入滚滚黄河的入海处，怎能不让人激动呢，怎能不让人感慨呢？

◆ 云蒸霞蔚，红日升腾

"雪原雷动下天龙，一路狂涛几纵横。裂壁吞沙惊大地，兴云致雨啸苍穹。"黄河，中华民族的母亲河，从青藏高原的雪山一路东去，过青海、四川、甘肃、宁夏、内蒙古、陕西、山西、河南、山东，纵横5464千米入海，太壮阔了！

如今，我就要亲眼看见"黄河入海流"的壮观景象，多年的梦想即刻实现！

湿地交响曲

迎着朝阳，披着红霞，我驱车前往黄河入海口……

和风阵阵，空气清新。一眼望不到边的地平线呈现出五颜六色的曙光。

汽车行驶在黄河三角洲，这是世界上最年轻的大河三角洲，面积约5400平方千米。

东营，还是《孙子兵法》作者孙武的故里。一部《孙子兵法》，丰富了黄河文化。

说到《孙子兵法》，家喻户晓。我还特意到了孙子文化园。孙武所著《孙子兵法》一名天下，为此孙武可谓与孔子、老子齐名，被称为中

◆ 在黄河三角洲国家地质公园讲述黄河溯源行程计划

◆ 中国孙子文化园

国兵学的鼻祖。

东营，不仅打造了孙子文化园，还有孙武湖、孙武祠、孙武故里等。1991 年此地出土的草桥遗址，找到孙子故里的依据，更加增大了对孙子文化的宣传力度，尚武遗风犹存……

东营，在黄河口知青小镇采访，把人一下子带到那激情燃烧的岁月……瞬间重温了当年知青的难忘经历和艰苦生活……

"吱——"！

突然，一声急刹车，我从回忆中惊醒。原来，目的地到了。

两个多小时的车程，眼前出现"黄河口生态旅游区"标识。只见这里集结了很多人，都是要去参观黄河入海口的，尤其是在一座蓝黄石碑前，人们排起长队留影。石碑上写有"黄河三角洲国家地质公园"11 个大红字，非常显眼。

为什么要用蓝黄底色做石碑呢？我采访了在场的工作人员小张——

问："蓝黄颜色是什么意思？"

答："这是黄河入海口蓝黄交汇的奇观，很有代表性。"

问："地质公园的特色呢？"

答："有中国乃至世界保存最完整、最广阔、最年轻的湿地生态系统，

◆ 湿地精灵　　　　　　　　◆ 黄河口知青小镇

被誉为'地球之肾'，空气很好。"

　　问："飞禽呢？"

　　答："是鸟类的家园，共有鸟类268种，其中国家一级保护鸟类12种，国家二级保护鸟类51种。"

　　问："为什么有这么多鸟类呢？"

　　答："因为这里是中国沿海最大的新生湿地自然保护区，面积15.3万公顷，分布着动物1524种，植物685种，还有柳灌等等。"

　　我从蓝黄石碑开行，去往黄河入海口。

　　踏行在茫茫的湿地，袅袅娜娜，飞鸟翱翔，好像投入了大自然的怀抱。在蓝天白云下，时而一片片青草，时而一簇簇芦苇，时而一匆匆柳灌，时而一处处湖面……真是一块生机盎然的富庶之地。

　　无论是水域还是柳灌，无论是草地还是苇塘，都有飞鸟出入，或上天下水，或掠过身边，灰鹤、黑嘴鸥、东方白鹳、绿头鸭、大天鹅等，成千上万，叽叽喳喳，形成天然交响曲。

值得叫绝的是"芦芽秀水""芦花飞雪"。湿地有 40 多万亩芦苇，每当春季芦芽吐绿，佛水而出，像雨后春笋一样向人招手示意。等到秋天，当芦絮扬飘，沙沙作响之际，又是一首天然的乐曲。伴着轻柔的风声，赏着遍野的芦穗，好像看到了"芦花飞雪"……

我沿着木栈道，从鸟岛到天然柳林、鸟类科普中心、泥滩捉蟹，一路欢歌，一路鸟唱，最后到达远望楼。

黄河入海口

远望楼是个开阔地域，最醒目的是拔地而起的"远望楼"观景台，它的旁边立有最引人瞩目的"黄河入海口"石碑，五个大红字非常耀眼。人们在这里留影排队至少半个小时，因为它是入海口的标志。石碑左侧有一处超大标牌，上面写着"黄河入海流，大美湿地游，打造黄河入海文化"。

此地，就是黄河边，而不是真正的入海口。"不到黄河不罢休"！我终于来到了黄河边，亲吻黄河，亲近黄河，亲见黄河！

我走在黄河边，捧起一把黄河水：啊，这就是黄河！这就是我们的

◆ 在黄河入海口听讲黄河文化

◆ 启程黄河入海口去寻根溯源的团队

母亲河！她用乳汁哺育了中华民族的代代子孙，是中华民族繁衍成长的摇篮，她又是中华民族的血脉！

眼望滚滚而去的黄河，怎能不让人振奋呢？目睹着滔滔东流的黄河，怎能不让人激动呢？这就是中华民族的发祥地啊！

看吧：黄河边有的人亲吻河水，有的人躺在地上遐想，有的人跪对黄河祈祷，形态各异，全神贯注，心中有一个共同的信念：拥抱祖国的母亲河！

此地，尽管亲近黄河水，但很难看到黄河入海口。

"书到用时方恨少"。此时，我用心去想，想到了一句诗："欲穷千里目，更上一层楼。"

心中默默念着这首诗，走到"远望楼"下，一步一步爬到塔顶，把视线移到黄河入海口，让目光更接近、接近、接近……

登高望远，一步一重天，一层一个景：那北边红如地毯的植物，那西侧的浮桥，那东去的水流，变幻无穷……

当一步步、一层层爬到塔顶时，一眼望去，一下子震撼了：啊！黄河入海口隐隐约约展现在目光中：那激流勇进，那涛声依旧，那滚滚浪花……这一切、一切，皆在眼帘中："把酒酹滔滔，心潮逐浪高"！

目睹入海口，我仿佛看到海市蜃楼，我仿佛感觉到黄河的流动，我仿佛聆听到黄河的水声，我仿佛体察到黄河的脉搏……

透过入海口，我听到了祖国前进的脚步，我望到了中华民族伟岸的躯体，我闻到了神州大江南北的稻花香！

蓝黄汇奇观

人说"不到黄河不回头"，我言"不到黄河入海口不死心"！其实，真正的黄河入海口，距离"远望楼"还有一段距离，在远望楼，仅仅是远望而已！

不能留下任何遗憾！

于是，我从"远望楼"下来，直奔船码头。

在船码头，我排起了长队。利用此空间，我询问旁边一位水利工作者有关黄河填海造地的情况，他说："黄河是世界上含沙量最多的河流，每年携带十六亿吨泥沙，其中有十二亿吨流入大海，四亿吨长年留在黄河下游，形成冲积平原。黄河年流量300亿立方米，每年携沙造陆3万

远望楼

多亩，而黄河三角洲平均每年以 2 至 3 千米的速度向大海推进。"

心情，至关重要。能够乘船亲临黄河入海口，完成最后一道工序，这才不虚此行。

一声汽笛！开船了。

随着船的开动，我的目光咬住黄河不放松：那黄色的泥浆，那奔涌的水流，那翻腾的波纹，那飞溅的浪花，勾起无限的遐想……

"黄河之水天上来，奔流到海不复回"。此时，怎能不让人想到黄河之水的源头呢？从白雪皑皑的青海巴颜喀拉山，到四川唐克黄河九曲第一湾，从甘肃刘家峡，到宁夏沙坡头，从内蒙古河套几字形南下，到咆哮的山西、陕西壶口瀑布，从河南三门峡一路东去到山东眼前的入海口，几经周转，几经折回，几经复旋，终于流入大海……

望着黄河水流，似看到了源头的水脉，像闻到了壶口的水汽，如听到龙羊峡的水声……

"入海口"！"入海口"！

突然，有人在高叫、在大喊！喊声打断了我的思路，抬头一望，原来船只已到黄河入海口。刹那间，"咔嚓""咔嚓"的相机声连成一片。

亲临黄河入海口，怎能不让人动容呢？看吧：黄河的水流汇入大海，汹涌澎湃！听吧：黄河的水波与大海浪潮相撞，咆哮奔腾，涛声震耳！

这，就是黄河入海口！

这，就是黄河入海流！

母亲河，黄河！望着那磅礴的气势，那壮美的脊柱，让我怦然心动！

黄河，拥抱母亲河！凝神汹涌的波澜，升腾的气浪，怎不令我肃然起敬！

此刻，有一中年男子面对入海口，突然放声高唱《黄河入海口》之歌：

都说那黄河九曲十八弯，

在这里她融入浩瀚的蔚蓝。

都说那黄河是咱的母亲河，

在这里她紧紧和咱手相牵。

……

伴随高昂向上的《黄河入海口》歌声，游船一跃跨入大海。

此时，船头水面出现一条非常鲜明的分界线：一边黄色，一侧蓝色。

这就是黄河水头汇入大海的实线：泾渭分明，苍劲雄浑，线条清晰，蓝黄醒目！

显然，蓝色的是清澈的大海水，黄色的是凝重的黄河水，蓝黄交汇形成旷世奇观！

美啊！人世间少有的自然现象！

壮哉！蓝黄奇迹，铺开了一幅绚烂壮阔的天然画卷！飞起一条宽广的蓝黄绸缎飘带！

蓝黄奇观是壮美的！

万里黄河浩浩荡荡，一路向东奔向大海。

然而，面对这一现实，也不得不勾起人们的思考。

此时，我面对蓝黄奇观，凝视黄色水流，沉下心来想：黄河作为中

蓝黄奇观

华民族的母亲河，孕育了古老而伟大的中华文明，滋养了亿万人民。但也曾肆虐八方、祸害于民。

黄河水黄是带着泥沙、黄土一路冲闯而下。作为全世界泥沙含量最高、治理难度最大、水害严重的河流之一，黄河历史上曾"三年两决口、百年一改道"，黄河治理成为困扰中华民族几千年的大难题。它与上游的水土流失有着直接的关联！

"黄河宁，天下平"。治理黄河是安民兴邦之大略，保护黄河是事关中华民族伟大复兴的千秋大业！

为此，根治黄河，保护植被，推进黄河流域的生态建设，是我们义不容辞的责任！

特别是黄河流域的生态保护，涉及三江源、祁连山、秦岭、贺兰山、黄土高原等生态保护与建设。

返航了，蓝黄奇观逐渐在视线中后退……

晚霞中，蓝黄色彩更加迷恋引人入胜……

然而，蓝黄实线的思考永远定格在记忆中……

济南：趵突泉、大明湖、百里黄河的橙色警示

初升的太阳照射在黄河水面，粼粼闪闪……

披着霞光，黄河溯源逆水而上……

从东营启程3个多小时，抵达济南市。

之后，在山东广播电视台的老朋友匡主任陪同下去趵突泉参观。

趵突泉是黄河沿岸的一大景色，它是黄河文化的一枝独秀。以趵突泉为代表的"天下第一泉"，为国家AAAAA级景区。

黄河国家文化公园（济南段），趵突泉是文化遗产保护的内容。

当我们站在趵突泉前时，一下子就被喷吐的泉眼所吸引：那涌出的泉水，像玉柱、似水花、如滚球，飞溅、涌动、升腾。湖面水气袅袅、烟雾薄薄、波光粼粼。构成了一幅绚烂的人间仙境，神乎奇妙，世间奇观！

匡主任介绍说，趵突泉为济南七十二名泉之首，被誉为"天下第一泉"，它与千佛山、大明湖并称济南三大名胜，享有"到济南不去趵突，不成游也"的盛誉。

趵突泉水昼夜喷涌，三窟迸发，永不停息。

这时，我凝视着乾隆的题字，这才知道之所以称第一泉，是乾隆皇帝南巡时因趵突泉水泡茶味醇甘美，才封趵突泉为"天下第一泉"。

趵突泉，引来不少诗人、名家赞誉。

北魏郦道元《水经注》载："泉源上奋水涌若轮，突出雪涛数尺，声如隐雷。"

◆ 趵突泉旁边的济南惨案遗址

　　元代著名画家、诗人赵孟頫在《趵突泉》诗中赞道："泺水发源天下无，平地涌出白玉壶。"

　　清代诗人何绍基喻之为"万斛珠玑尽倒飞"。

　　清朝刘鹗《老残游记》载："三股大泉，从池底冒出，翻上水面有二三尺高。"

　　《历城县志》对趵突泉的描绘："平地泉源膴沸，三窟突起，雪涛数尺，声如隐雷，冬夏如一。"

　　文学家蒲松龄则认为趵突泉是"海内之名泉第一，齐门之胜地无双"。

◆ 涌动趵突泉

在趵突泉边，我们听到人们对趵突泉停喷的议论：

"20 世纪 90 年代，趵突泉曾经停喷。"

"2000 年全年停喷！"

"2017 年 11 月，趵突泉水位连续处于停喷橙色警示临界线以下。"

水位下降的何止一个趵突泉呢，还有赫赫有名的大明湖！

大明湖，为济南三大名胜之一，誉称"四面荷花三面柳，一城山色半城湖"。大明湖景色秀美，名胜古迹众多，素有"一阁、三园、三、

◆ 作者第一次到大明湖冷漠萧条

◆ 今日大明湖人流如潮

四祠、六岛、七桥、十亭"之说。然而，大明湖也面临水位下降、橙色警示的趋势。

我们专程赶到大明湖，看到眼前的湖面，比我以前见到的水面下降了不少！

趵突泉为什么会停喷？大明湖水位为何下降？

趵突泉、大明湖距黄河不远，之间有没有关系，人们说法不一，需要科学探寻。

为此，我们特意驱车来到黄河边，这里是"百里黄河"景区。高高的河堤，看上去要比济南市高出很多，黄河称为"悬河"一点都不夸张，此地称作"水上长城"。

"百里黄河"景区立有毛泽东题词"要把黄河的事情办好"及"四渎唯宗""龙泽海内""母亲河"等石碑。

"百里黄河"景区还有爱国主义教育基地"泺口九烈士纪念碑"。

◆ 毛主席视察黄河纪念地

国民党反动派为维护其统治，在济南泺口刑场残忍地枪杀了中共济南市委书记李春亭等9名党员。9人被捕后，不畏敌人严刑拷打，始终严守党的机密。在狱中，他们同敌人展开了多种形式的斗争，他们以钢铁般的意志，不屈不挠的斗争精神，在生与死的考验面前，始终保持了共产党人的气节。1933年8月18日，凶残的敌人将这9名党员押赴济南泺口刑场杀害。

在"百里黄河"景区，对"水位下降"一事我走访了一些人。在6人的回答中，5人认为趵突泉停喷与黄河有关联。

在水利管理部门，我们与一名叫建力的工作人员交谈——

问："趵突泉水停喷与黄河有关吗？"

答："有关专家发现黄河水量的丰歉直接影响济南泉水的喷涌程度。黄河与济南泉水关系密切，包括趵突泉停喷。"

问："有记载吗？"

答："黄河水位较高时，泉水不会停喷，否则相反。从1999年初到2001年底长达两年半多的时间里，趵突泉一直停喷，而其间也正是黄河的枯水年，进入济南泺口水文站的总水量比多年平均值偏少76%。"

问："停这么长时间？"

答："从2000年以来，通过黄河小浪底等水库的运用，黄河水资源进行合理调配，趵突泉水位不断上升，济南附近黄河水位也一直在28米以上。"

问："有历史根据吗？"

答："宋代沈括在《梦溪笔谈》中记载，济南的泉水源于济水，而如今的黄河，正是在后来夺了济水河道。由于黄河在山东境内是地上'悬河'，济南市紧邻黄河，且黄河远远高于济南市区，黄河水补给泉水也是很正常的。当黄河泺口水文站的水位在26.7米以上时，对济南泉水影响明显，低于这个水位，则济南泉水很容易出现停喷现象。"

◆ 作者在黄河广场黄河岸边向当地人了解黄河水位升降

济南"百里黄河"风景区，以文化旅游、景观旅游、生态旅游为主体，集工程景观、水域景观、生态景观、自然景观、人文景观于一身，为生态型文化主题园林。济南"百里黄河"风景区被评为"中国黄河50景"。

漫步在黄河大堤，眺望"百里黄河"，但见河床上的水流断断续续，宽度不足百米，裸露的河底有菜地、庄稼、小房，表明黄河断流带的存在。据了解，黄河在山东一带多年来不断地断流，有时断流三个多月。那么，周边的水位能不下降吗，它还能激起泉涌吗？

这，不能不引起人们的警觉和思考！

济南称为泉城，这个美誉能够持续多少年，由生态环境去决定吧！

济南，因泉城而闻名，因黄河而骄傲！

然而，喷泉橙色警示与黄河的水位息息相关！

泰山：攀登玉皇顶、观"黄河金带"

这是一个格外晴朗的日子，空气特别清新。

我从济南启程南下，只一个多小时到达泰安市。紧接着赶到泰山脚下的山门口，做好了一切准备，登泰山极顶，观"黄河金带"。

"黄河金带"是泰山四大奇观之一，另有"旭日东升""晚霞夕照""云海玉盘"。

这是第二次登泰山，初次上泰山印象至今记忆犹新……

开步前，我粗粗看了立在门前的介绍：泰山，为五岳之首，天下第一山。泰山是中国历史上唯一受过皇帝封禅的名山。古时的封禅祭祀活动在泰山延续数千年。自秦始皇开始到清朝有 13 代帝王亲登泰山封禅或祭祀，

◆ 泰山进口

山体留下很多古建筑群和碑碣石刻。

泰山，是国家 AAAAA 级景区、世界地质公园、世界文化与自然双重遗产。

世界遗产委员会对泰山的评价是："近两千年来，庄严神圣的泰山一直是帝王朝拜的对象。山中的人文杰作与自然景观完美和谐地融合在一起。泰山一直是中国艺术家和学者的精神源泉，是古代中国文明和信仰的象征。"

这个评价是很高的！

"世界文化与自然双重遗产"！这在中国是不多见的！有生之年，不去看"世界双重遗产"泰山，那会留下终生遗憾！

泰山，在我国家喻户晓，有"泰山石敢当""人固有一死，或重于泰山""有眼不识泰山"等之说。

但是，攀登泰山并非想象的那样容易！要体力，要耐力，要毅力！

对此，我增强了信心！增加了勇气！

◆ 南天门人山人海

我憋足力气，从"一天门"开爬。随着爬山的人群，经过万山楼、斗母宫、经石峪、壶天阁、药王殿、增福庙、云步桥……

过"十八盘"太惊险了！

前十八盘 393 级……

中十八盘 767 级……

后十八盘 473 级……

到达南天门共跨越 1600 多级台阶。三个十八盘不足一千米，垂直高度 400 米，坡度 75 度，爬了一个多小时。

南天门是登山盘道顶端，此处双峰夹峙，仿佛天门大开。我穿过南天门看到泰山山顶。南天门分上下两层，下层拱形门洞，上镶石匾额"南天门"，两侧镶石刻对联："门辟九霄仰步三天胜迹，阶崇万级俯临千嶂奇观"。上层建摩空阁，门上石匾额"摩空阁"。

南天门北有关帝庙，前廊内有关帝像。

过南天门即是天街，满是宾馆、饭店、商铺，路北为乾隆行宫及唐

◆ 穿越天街

◆ 直达玉皇顶

代文学家苏源明读书处旧址，天街延长到碧霞祠，全长一华里。

　　不泄气，不松劲，继续向上爬，我终于到达玉皇顶。

　　站在山顶，看到有很多石碑，简直眼花缭乱，名人名家很多题词，其中有"五岳独尊""昂头天外""黄河夕照"等。

　　玉皇顶，是泰山主峰之巅，因峰顶有玉皇庙而得名，为泰山绝顶。

走进山顶上的玉皇庙，古称太清宫、玉皇观。庙内主要建筑有玉皇殿、迎旭亭、望河亭、东西配殿等。东亭可望"旭日东升"，西亭可观"黄河金带"，泰山两大奇观尽在此地。

玉皇庙内的主殿为玉皇殿，殿内有铜像，神龛上匾额题"柴望遗风"，远古帝王曾于此燔柴祭天，望祀山川诸神。

五岳独尊石刻

在殿中，一位信教者说："历代帝王为什么独尊泰山呢？传说，很早以前，有一个叫盘古的人，刹那间倒地，他的头变成了东岳，腹变成了中岳，左臂变成了南岳，右臂变成了北岳，两脚变成了西岳，因为盘古开天辟地，造就了世界，后人尊其为人类祖先，他的头部变成泰山。所以，泰山就被称为天下第一山。"

原来，"五岳之首"是这样来的。

玉皇殿是泰山的制高点，殿前竖着一块石碑，上面写着海拔1545米，这就是"泰山极顶""极顶石"。西北有"古登封台"碑刻，是历代帝王登封泰山时的设坛祭天之处。

我从玉皇殿出来，急不可耐，走向"望河亭"，这要排长队观看。隔窗而望，一览无余……

啊！那不就是黄河吗？

呵！这不就是我追寻的地方吗？

看吧：黄河！祖国的母亲河！弯弯曲曲，曲曲折折，迂迂回回，在

霞光下，如长龙在天际蠕动、延伸！这时的黄河，多么像一条金色的飘带，飞舞在天地之间，这就是"黄河金带"！

面对"黄河金带"，我仿佛听到了黄河的流水，奔腾的声响！

面对"黄河金带"，我仿佛看见了飞溅的浪花，汹涌的波涛！

出"望河亭"，来到"望海石"，这里同样可望黄河。然而排长队拍照的人更多、更火，身板弱的人根本挤不上去。不过，我上次来照了一张，成为永久的记忆……

曲阜：孔庙·孔府·孔林

车轮飞转……

穿云破雾……

汽车在鲁境飞驶……

离开泰山南行，向我国的历史名城曲阜进发。

当进入曲阜城，满街、满巷都是孔子的名字，什么孔子学校、孔子艺城、孔子研究院……到处都是孔子的标识、标签、名片、符号！

是嘛！曲阜是孔子的故乡。为此，曲阜以"孔子之乡、诗书之地、礼仪之邦"闻名于世。因此，曲阜成为东方文化重要发祥地、"东方圣城""东方耶路撒冷"、国家 AAAAA 级景区。更为瞩目的是孔庙、孔府、孔林"三孔"于 1994 年被联合国列为世界文化遗产。

为什么还能吸引外国旅客，是因为孔子在国际上有很高的地位，名声大，影响力大！在异国他乡，在世界各地，建有很多"孔子学校""孔子学院"，可见孔子的威力和影响力！

孔庙

我首先去孔庙采风。

孔庙建筑宏伟壮观，古香古色。

孔庙，即孔子庙，是纪念中国伟大思想家、教育家孔子的祠庙。孔庙在历代王朝更迭中又被称作文庙，为历代儒家学子朝圣之地。中国建

◆ 孔庙

有 1600 多座孔庙即文庙，世界分布的孔庙达 2000 多座。

我面前的曲阜孔庙，始建于周，是国内外孔庙中最大的一座。

走进曲阜孔庙，倍感震撼，简直像北京的故宫！

我通过仰圣门、圣时门、壁水桥、大中门、奎文阁、杏坛、大成殿、寝殿、圣迹殿，观看了诗礼堂、崇圣祠、十三碑亭，其中大成殿最为宏伟。此殿重檐九脊，黄瓦飞甍，为三大殿之一。孔庙有汉代以来的历代碑刻 1040 多块，大量书、画、牌、匾等珍贵文化遗存。

在孔庙，墙上有孔子的生平：孔子公元前 479 年 4 月 11 日生，子姓，孔氏，名丘，字仲尼，鲁国陬邑即今山东省曲阜市人。孔子倡导仁义礼智信，有弟子三千，贤人七十二，曾带领部分弟子周游列国十四年，晚年修订六经即《诗》《书》《礼》《乐》《易》《春秋》，弟子又把孔子及弟子言行编成《论语》。孔子后人尊为孔圣人，被列为"世界十大文化名人"之首，祭祀孔子的"祭孔大典"一度成为和中国祖先神祭祀同等级别的大祀。

面对孔庙，看其建筑仅次于故宫，深深感受到中国文化的精深。

孔府

孔庙旁边即是孔府。

当孔府闯入眼帘，我的第一反应是惊叹！

孔府本名衍圣公府，是孔子世袭"衍圣公"的世代嫡裔子孙居住的地方，占地240亩。

我问讲解员："孔子公元前479年出生，怎么这个孔府始建于公元1377年呢？"

讲解员说："孔子死后第二年（即公元前478年），当时孔子故宅只有三间，其后裔在简陋的故宅中奉祀孔子。后来，随着孔子地位及其子孙官位的升高，孔氏住宅日益扩展壮大。到公元1038年，开始扩建，

孔府大门

◆ 孔府

称孔府。当封'衍圣公'后，称衍圣公府。"

我们走向正门，开始参观。只见门的上方悬挂着"圣府"巨匾，门两旁对联："与国咸休安富尊荣公府第，同天并老文章道德圣人家"。讲解员说，这是清书法家纪昀手书。

进入第二道大门。据说建于明代，门上悬挂明代诗人、吏部尚书、文渊阁大学士李东阳手书"圣人之门"竖匾。

随后进入的大堂，给人一种庄重感。这是宣读圣旨、接见官员、申饬家法族规、审理重大案件，以及节日、寿辰举行仪式的地方。大堂正中悬挂着"统摄宗姓"匾，刻有清世祖顺治六年（1649年）谕旨。讲解员用手指着说："这表明衍圣公在孔氏家族中的特权地位。"

前上房是接待至亲和近支族人的客厅，也是他们举行家宴和婚丧仪式的场所。站在此地，不感到严肃，有一种热感。注目中堂之上，有一幅慈禧亲笔写的"寿"字，更说明孔家的地位。房室内，陈列着乾隆皇帝送给孔府的荆根床、椅；桌上放有同治皇帝的圣旨原件。

中居是家人及眷属活动的地方。内宅的前后楼是府上老爷、太太、少爷和小姐的住房，陈列着当年的生活用品。

最后落脚在花园。园内有假山、鱼池、竹林，看上去很幽静。

孔林

孔林处在曲阜市的郊外，是孔子长眠之地。孔林作为家族陵地，占地200万平方米，为世界之最。自孔子在这里入土为安，其子孙延续下来，两千多年从未间断，成为世界上延时最久、规模最大的家族陵地。林内树木10万多株，多在200年以上树龄。

出孔林，曲阜广播电视台的同人带我去附近欣赏金银花，那是中药文化，是黄河流域的特色种植。

这个地方为曲阜市吴村镇李洼村的金银花基地。据村民介绍，这里也是过去孔子经常踏行之地。

站在地头，目光中一望无际的金银花遍地怒放，简直成了金银花的世界。

采摘地里，一位王女士接受采访时说："仅这一项年收入达5万多元，是乡村振兴的好项目。"

◆ 孔林

◆ 在金银花采摘基地询问金银花药用价值

接着，王女士向我介绍了有关金银花的知识。

曲阜归属济宁市管辖，黄河流经的济宁市土地肥沃，有种植金银花的传统。济宁市种植金银花面积上百万亩，推动乡村经济。金银花是这里的名片，也是黄河流域中药文化经济。

金银花在《本草纲目》中是一种名贵中药材，为清热解毒之首。

踏访金银花基地后，又在当地绕行看望了我的堂哥恒子哥。他十分了解黄河文化，热爱黄河文化。交谈中，恒子哥为我的这次黄河追源采访出了不少点子。比如黄河上游甘肃段，给我提出不少建设性意见。

我与恒子哥从小一起长大，由奶奶带大了我们俩，所以感情深厚。

黄昏，回到宾馆，想到孔子的形象，太高大了！世间真是少有啊！

睡梦中，曲阜这个名字一直在脑海中翻转：

曲阜，孔子文化的发祥地！

金银花，中药文化的名片！

聊城：从黄河运河相交地奔向"引黄入冀"河道

雾气蒙蒙……

车轮滚滚……

从济南沿黄河西行，来到聊城。

聊城，创造了史前文化、运河文化、红色文化，是《水浒传》《金瓶梅》《聊斋志异》等故事发生地。

在聊城，我去了景阳冈、"三碗不过岗"、武松打虎之地，重温小时候听过的故事。

◆ 景阳冈遗址中的"三碗不过岗"观景点

◆ 张秋镇运河张秋码头

　　聊城，既是京杭运河与黄河的交汇处，又是"引黄入冀"工程的开口处。

　　我参观了聊城一些景观后，便南行50千米，来到聊城下属的阳谷县。

　　阳谷作为聊城市的管辖之地，又出现了景阳冈之类的景观。据说，这里的景阳冈才是真正的武松打虎之地，处在县城东张秋镇境内。

　　阳谷，作为"运黄交汇"和"引黄入冀"两大水利工程之地，正是我重点采风的目的地。

　　在此，我前往阳谷县域的张秋镇京杭运河入境口，领略了大运河是如何通过黄河的。

　　京杭大运河，已被列入世界文化遗产，是一个景观打卡之地。我看到石碑上介绍的世界文化遗产的来龙去脉。京杭大运河蜿蜒数千千米，拥有上千年的历史，是世界人类文明史上开凿最早、里程最长、工程最大的人工河流，是中国仅次于长江的第二条"黄金水道"，价值堪比长城。千百年来流淌的运河水，凝结了深厚的运河文化底蕴。

◆ 张秋镇黄河张秋闸

　　然后，我又来到不远处的"引黄入冀"工程开口处，继续采风。

　　"引黄入冀"工程是国家的战略部署，把黄河的水从山东引入河北省，造福河北人民，这是中央的举措。

　　我站在黄河大堤，望着北去的"引黄入冀"河道，作为河北人，怎能没有感触呢？何况，当年"引黄入冀"工程竣工放水仪式，我作为河北电台的特派记者曾在现场进行报道。

　　我从阳谷过临清到河北的临西，途中一次次再现当年"引黄入冀"的报道场景。

　　在"引黄入冀"河道畔的山东与河北交界处，我特意来到历史名人董子故里及讲学之地，了解黄河文化内涵。

　　董子上承孔子，下启朱熹，是儒学思想史上的里程碑式人物，也是黄河文化的一部分。

　　董子名董仲舒，我首先去了董子故里，然后来到董学园。

一眼望去，这是一个非常幽静的地方，林木、花草、河塘清晰，座座建筑古香古色。学堂管理人员对我说："这里就是董仲舒过去讲学之地，现在这里进行了改建和返古。"

董仲舒何许人也？公元前191年，董仲舒出生于广川国（西汉时，国郡并存）董故庄村一大户人家。他自幼聪慧好学，受到良好的家庭教育。董故庄东南十华里，有一文化兴盛、文人辐辏的大村子，叫十里长村，是董仲舒的外祖母家。据传西汉初年，经常有孔子、孟子、荀子的弟子们，聚集在十里长村研讨学问，讲课授徒。董仲舒七岁那年，父亲便将他送到十里长村拜师求学，专心学习诸子百家，五经六艺。十几年里，董仲舒在此心不散，目不移，足不出户，手不释卷，刻苦研读学问。其父董太公看他痴学成魔，废寝忘食，很心疼，便决定修一座花园，让他在读书之余，观赏花鸟，放松休息。

◆ 董仲舒像

◆ 走进董学园参观

董家为当地大家，所盖花园的规模也很大。园内鸟语花香，景色秀美，董仲舒沉浸在古书典籍里，不肯离开书桌一步。

司马迁感慨写道："盖三年董仲舒不观于园舍，其精如此。"这就是"三年不窥园"的来历。

董太公所建之园，原叫"董园"，就在十里长村，即今天的故城县董学村。

参观完董学园之后，我们在这里享用晚餐。

夜幕中，董学园更为静谧……

回顾一天的采访，太有意义了。特别是，我又一次想到1994年11月12日采访"引黄入冀"所写的报道《黄河水流滚滚来》——

引黄河水到河北，是河北省人民的夙愿，现在变成了现实。"引黄入冀"工程上稍在冀鲁边界临西县刘口枢纽闸涵。"引黄入冀"工程竣工通水典礼在运河河畔的临西刘口，开闸这一天，红旗招展，锣鼓震天，气球把"热烈庆祝引黄入冀工程竣工通水""感谢山东人民的大力支持"

◆ 作者当年在阳谷县"引黄入冀"河道跟随放水水流做现场报道

◆ 县文旅局孙金涛介绍"引黄入冀"工程前前后后

两幅巨型标语挂在高空。刘口一带十里八乡3000多名农民群众一大早赶到这里，等待放水这一激动人心的时刻。

"引黄入冀"工程南起山东阳谷县，过聊城、临清到河北的临西，再从临西到衡水、沧州直至泊头市，全长288千米。其中山东段108千米，河北段180千米。工程总投资2.5亿元，引水量5亿立方米。它可以使我省邢台、衡水、沧州23个县市的113.6万亩耕地得到浇灌。

这是一项宏大的跨流域引水工程。为了尽早把黄河水引来，山东、河北两省人民发扬艰苦奋斗、自力更生的创业精神，挥戈舞镐，开挖河道，付出了艰辛的努力。尤其是山东省动员20万劳动大军浩浩荡荡地会战在引黄入冀工程工地，顶酷暑、冒严寒，风餐露宿，艰苦奋战，涌现出许多可歌可泣的感人事迹，谱写了一曲共产主义赞歌，终于将黄河水送到河北。

◆ 今日河北的南水北调工程

　　齐鲁人民奉甘露,燕赵大地结硕果。提闸放水时,鞭炮齐鸣,军乐齐奏。只见奔腾的黄河水带着山东人民的深情厚谊,滚滚而来,沿着新开河道奔流而下,数以千计的农民群众涌向闸门,涌向河边,望着黄河水流狂欢⋯⋯

梁山、郓城：水浒故事发祥地

从阳谷出发，横穿黄河南下，向梁山、郓城县进发……

汽车上不断播放《水浒传》主题曲：

大河向东流哇

天上的星星参北斗哇

（嘿嘿参北斗哇）

（生死之交一碗酒哇）

说走咱就走哇

你有我有全都有哇

……

去梁山过黄河石洼分洪闸

当路标上出现"梁山"两字，为之一振！梁山地界到了！

"梁山"！这个词如雷贯耳，马上会意识到梁山好汉。

走进梁山，水浒古建筑大气磅礴，虽历经八百多年的风雨沧桑，英雄好汉的踪迹在此仍历历在目，可以想象到这里是水浒故事的发生地。梁山寨门、断金亭、黑风口、忠义堂等构筑了梁山大寨的雄姿，宋江寨墙、扭头门、

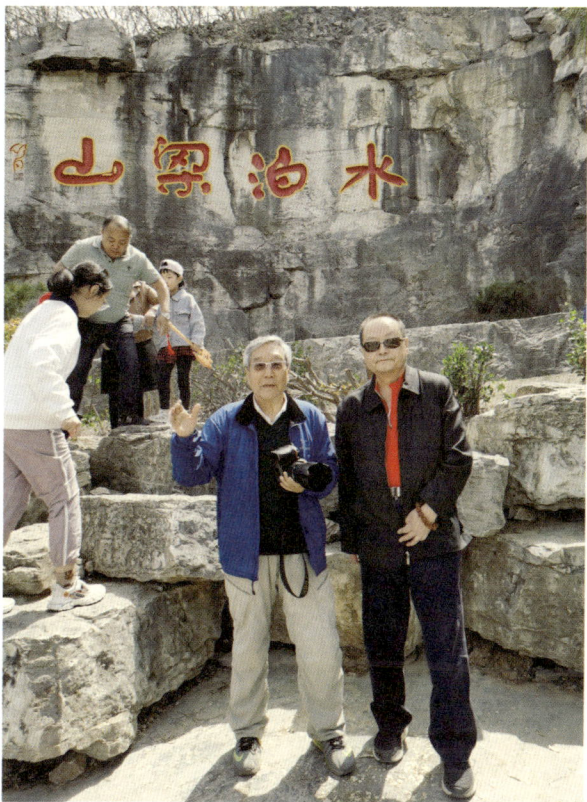

◆ 小心翼翼攀登到达水泊梁山

宋江井、疏财台、李逵塑像、水泊亭、水浒街等遗迹诉说着梁山英雄。更有聚义厅、号令台和石碣文台等一系列水浒故事情节发生地相继出现，充分彰显了水浒精神和梁山个性。那一关、二关、左军寨、右军寨、雁台、天书阁等，展示了水浒意境……

梁山与郓城接壤，山水相连。如果说梁山是水浒的事发地，那么郓城是水浒的发祥地，两地都是水浒故事的起源。

在梁山，第一印象是这里的水浒文化味道十足，什么水浒旅馆、水浒商店、水浒书市、水浒小吃……，把人的目光带入水浒的视线！

晚上在水浒饭店就餐。陪同采访的向导李先生介绍："此地自古以

尚武、豪爽侠义而出名，历为武林志士云集之地，梁山一百零八将，七十二名出自这一带，作为《水浒传》中的核心人物宋江和晁盖都来自这里，还有吴用。"

正说着，街中来了一群文艺表演队，领头者就是"宋江"。

深夜，大街仍是热闹非凡，尤其听山东快书《水浒传》的人群，久久没有离去……

我特意听了宋江的故事。

宋江，北宋末年农民起义领袖，其少有帅才，勇猛强悍，仗义疏财，扶弱抑强。宋徽宗宣和元年（1119年）联合36人率众起义，活动于山东、河北一带，经历十郡，官军数万莫敢抗拒，曾在梁山泊设营扎寨。宋江一生深明大义，知人善任，一身正气，深受士卒及百姓拥戴，为后人所敬仰。

据介绍，宋江故里有宋宅、宋坑、宋井。在元人杂剧《坐楼》词中，

◆ 宋江战船

有"家住水堡在郓城，姓宋名江字公明"的话，如今宋江故里的坑、井、林等古迹犹存。

次日，我从梁山寨去郓城，途中经过程咬金故里、程咬金雕像。郓城，这是中华武术的发祥地之一，也与宋江有关联。北宋时期的郓城，宋江在此建了一座占地三亩半的青砖武馆，十八般兵器样样俱全，天下各派武林英雄会聚于此，相互交流，比武打擂。各路拳派

◆ 去郓城途中经过程咬金雕像

◆ 千年古县郓城

不断地汇入郓城，使郓城县出现了拳种繁多，流派林立的局面，仅拳种就有孙膑拳、水浒拳、炮拳、黑虎拳、掌洪拳、梅花拳、阴阳拳、二红拳、佛汉拳、太极拳、形意拳等近二十个，套路一百多种。崇文尚武，拜师学艺成为当地民间的一大风俗。

为此，1985年宋江武校于郓城建成，现名宋江武术院。在国内外重大比赛中共获奖牌900多枚，是郓城一颗耀眼的明珠。

从宋江武术院出来，我去往宋江故里和黄泥岗遗址。《水浒传》中，智取生辰纲的故事就发生在这里。

黄泥岗遗址，位于郓城县城东三十五里黄堆集村。村东有一座大土岗，出土一块明朝万历年间石碑，碑文记载："详考在宋徽宗崇宁年间，环梁山者八百里皆水也，堆北距梁山六十里许，为水浒南岸，古称为黄土岗，即此处也。"此碑已存县博物馆。

在现场，一块镌有"黄泥岗"字样巨石，立于村头，路边一块石碑

◆ 作者在宋江故里听当地老乡讲宋江故事

◆ 走进"宋宅" 了解宋江

上详细记载了晁盖、吴用等人智取生辰纲的经过。

　　这里还出土过草泥砖、支纹瓦等文物，经考察鉴定属汉代文物，证明汉代即有人在此居住。

　　在郓城，我还去了农民创办的"毛泽东纪念馆"。

　　梁山，水泊之地引人入胜！

　　郓城水浒故事百听不厌！

　　山东，是黄河溯源第一个省，而郓城是山东省的最后一站。

黄河流经河南省约711千米，过三门峡、小浪底、洛阳、郑州、开封、兰考等。黄河从高山流向中原，沿途有开封塔、黄帝故里、少林寺、中岳嵩山、白马寺、三门峡、龙门石窟等景观……黄河国家文化公园（河南段）建设保护重点打造隋唐洛阳城、北宋东京城等50个核心展示园，河洛文化等20条集中展示带，洛邑古城等130处特色展示点；加快建设黄河国家博物馆、黄河悬河文化展示馆、黄河流域非物质文化遗产保护展示中心等重大工程项目。

第二章

河南段：黄河阶梯式一泻千里到中原

兰考：走进毛泽东视察黄河地、焦裕禄纪念林

离鲁进豫，驶入中原。

黄河水流，U形出现。

河南是我采风的第二个省。

兰考，是我在河南段黄河溯源的第一站。

去兰考的途中绕行曹植陵园默读他的"七步诗"，感慨极深……

黄河流经兰考地域最明显的标识是在这里拐了一个大弯，而且呈 U 字形，为黄河最后一道湾。

◆ 黄河最后一道湾

当我站在兰考县东坝头黄河湾处，一下子被眼前的黄河所陶醉：那 U 字形的水流汹涌澎湃，涛声四起，浪花飞溅，好一派气壮山河的动画大片！那 U 字形的水面鳞光闪闪，水气升腾，阳光反照，好一幅绚烂夺目的水上风景！

这就是兰考著名的黄河 U 字弯！

这就是黄河兰考段九曲黄河最后一个大拐弯！

沿着黄河边，我走进毛主席

◆ 去兰考的途中绕行曹植陵园默读他的"七步诗"

◆ 在东坝头恰遇山东、北京走黄河者（单士勇 摄）

视察黄河纪念亭。纪念亭位于兰考东坝头乡东坝头村南黄河渡口。

纪念亭前，那庄重的飞檐，挺立的墙壁，跋起的亭顶，在黄河水流映衬下，显示着它的雄伟和秀气。

纪念亭为正方形，高9米，边长10.18米，8个台阶，四周围是栏杆，栏杆长3.17米，宽4.27米。16根柱子，双重檐，宝盖顶。上嵌黄色琉璃瓦，亭上正中东西两面镶汉白玉"毛主席视察黄河纪念亭"10个字，亭中立青石碑，碑阳正对黄河大拐弯。上刻毛主席手书"要把黄河的事情办好"，碑阴刻毛主席1952年10月30日和1958年8月7日两次来兰考视察工作的经过。

在场的守护者介绍："1958年，毛主席来到兰考东坝头视察黄河，发出了'一定要把黄河的事情办好'的伟大号召。我们兰考人民响应毛主席的伟大号召，先修建了雄伟的黄河大堤和九道壮观的导洪大坝，之后又修建了毛主席视察黄河纪念亭。"

走进毛主席视察黄河纪念亭

离开纪念亭，又沿黄河堤，走进焦裕禄纪念园。

纪念园处在城关北黄河堤顶上，紧靠兰考菏泽公路西侧。

纪念园肃穆而庄重。迎面是革命烈士纪念碑，碑的正面镌刻毛泽东手书"革命烈士永垂不朽""访贫问苦""查三害"，背面为碑记。

纪念园西侧为焦裕禄同志纪念馆。馆内有大厅、展览厅、放映厅等，正面立焦裕禄半身铜像。展厅彰显了焦裕禄"干部楷模""人民公仆""焦裕禄精神常青"。260 幅照片、89 件遗物，生动地展示了焦裕禄同志全心全意为人民服务，鞠躬尽瘁死而后已平凡而伟大的光辉一生。

◆ 纪念碑

北侧为焦裕禄烈士之墓。墓后屏风墙纪念壁上，镶嵌着毛主席题词"为人民而死，虽死犹荣"。碑阴为焦裕禄生平简介。

焦裕禄 1922 出生在山东，1962 年 12 月被调到兰考县任县委书记。他从到兰考的第二天起，就深入基层调查研究，他说，"吃别人嚼过的

◆ 焦裕禄雕像

馍没味道。"他拖着患有慢性肝病的身体，在一年多的时间里，跑遍了全县 140 多个大队中的 120 多个。他经常肝部痛得直不起腰、骑不了车，即使这样，他仍然用手或硬物顶住肝部，坚持工作、下乡，直至被县委强行送进医院。1964 年 5 月 14 日，焦裕禄被肝癌夺去了生命，年仅 42 岁。他临终前对组织上唯一的要求，就是"把我运回兰考，埋在沙堆上，活着我没有治好沙丘，死了也要看着你们把沙丘治好"。

在焦裕禄墓旁，恰遇一位前来吊唁的老者，顺此与之交谈——

问："今年多大岁数？"

答："92 岁！"

问："哪个村的？"

答："坝头。"

问："您见过焦裕禄吗？"

答："见过，焦书记，人好着呢！"

问："还有印象吗？"

答："有，有，印象深着呢！焦书记大好人，处处为我们老百姓着想，带领我们治理沙荒洼碱地，不要命地干……"

1966 年 2 月 7 日，《人民日报》刊登《向毛泽东同志的好学生——焦裕禄同志学习》的社论。随后，全国各种报刊先后刊登了数十篇文章通讯，在全国掀起了一个学习焦裕禄的热潮。

兰考，不能不让人思考，特别是焦裕禄精神：焦裕禄的言传身教，让后人融入焦裕禄博大的精神生命长河里，尤其对领导干部，树立了县委书记的榜样，成为人们诚心秉持的人生信条……

黄河，领袖伟人到达之处！

兰考，深印焦裕禄的足迹！

开封：黄河曾人为扒口淹没世界级古城

沿黄河继续西行，从兰考到开封只半个小时车程。

站在黄河大堤向南眺望，雾气下的开封远远低于视线，目测整座城至少比黄河下沉 5 层楼之多。

转眼一看，我是站在"悬河"之上。

陪伴采访的是一位资深导游钟先生，他首先向我介绍了黄河与开封的情况。

开封地处黄河沿岸，它与黄河有着千丝万缕的关联。

钟先生介绍说："黄河泥沙淤积使黄河河床不断抬高，形成了河高于开封城的地上'悬河'。开封地下则因历次黄河水患使数座古都深深埋于地面之下 12 米处，上下叠压着 6 座城，构成了中国罕见的城摞城

今日开封城

◆ 开封州桥汴河遗址挖掘现场

现象。"

接着，钟先生又讲了开封州桥汴河遗址挖掘现场的情况。

噢！这时，我再下望远处的开封，原来开封是城压城堆起来的古城。

有"悬河"之称的黄河，在历史上的战争中，也有过被扒堤淹城的先例。

《开封志》载：崇祯十五年，即1642年，农民起义军李自成诸部围攻开封府，久攻不破。九月十五日，起义军为解围决黄河，水灌开封城，城中建筑大部分被毁坏、淤没，人口大量溺亡。

钟先生接着说："一说李自成三次攻城失败，且在进攻中一只眼睛被城头的弓箭射伤，此时李自成失去理智，便想出扒黄河之水来攻城的念头。"

当年被水淹的开封城，只露出大相国寺的宝塔塔尖和钟鼓楼的屋脊，开封城几乎夷为平地，消失长达20年，直到清康熙元年即1662年清政府才在废墟中重建了开封城。

汽车开始向开封城行进！脑海中不断充满着"开封"的印迹……

《开封何时开封》，这是前些年《经济日报》头版头条文章，说的是开封封闭，不开放，这在当时影响力至深，是我对开封的第一印象！

而从另一个角度看，因为开封没有开封，才保存了千年古城。

进入开封城门，漫步于开封城，古、古、古，一一展现在眼前——

那古街、古墙、古房、古院……

那古塔、古庙、古寺、古亭……

那古碑、古台、古桥、古祠……

看不断，望不完，阅不尽！

这，就是开封！

这，就是汴京！

这时，我自言自语：呵！开封的古，太多太多了！

开封是我国八大古都之一，相传春秋时以开拓封疆之意建开封城。

◆ 作者在开封府前采访游客

◆ 宁静的清明上河园

开封简称"汴"，是首批国家历史文化名城，迄今已有4100余年的建城史和建都史。

钟先生讲："开封从夏朝到宋朝、金朝等多个朝代在此定都，素有八朝古都之称，孕育了上承汉唐、下启明清、影响深远的'宋文化'。开封是世界上唯一一座古城中轴线从未变动过的都城，城摞城遗址在世界考古史和都城史上少有。在宋朝，开封是当时世界第一大城。"

开封，清明上河园很出名，根据《清明上河图》建造，为国家AAAAA景区。有延庆观、禹王台、繁塔、宋都御街、黄城北墙遗址、开封府、韩园碑林、天波杨府、鼓楼、龙哈桥、岳飞庙等文物古迹，仅全国重点文物保护单位就有19处。

开封，不愧为千年古城！

在开封，我们从铁塔、相国寺，一直走到包公祠。

铁塔有"天下第一塔"之称。因塔身全部以褐色琉璃瓦镶嵌，远看酷似铁色，得名"铁塔"。建于 1049 年，塔成等边八角形，共 13 层，高 55.88 米，塔身遍砌花纹砖，上有飞天、麒麟等 50 余种花纹图案，造型优美，神态生动，堪称宋代砖雕艺术杰作。

相国寺是宋代最大的寺院和全国佛教中心。始建于北齐天保六年（555 年）。北宋时期，相国寺深得皇家尊崇，多次扩建，成为当时最大的寺院和全国佛教活动中心。现有天王殿、大雄宝殿、八角琉璃殿、藏经殿、千手千眼佛殿等殿宇古迹。

包公祠全祠有大殿、二殿、东西配殿、回廊、碑亭、大门、二门等建筑，陈列有包公铜像、铜铡及包公断案蜡像、包公史料典籍、《开封府题名记碑》碑文等。

最后来到龙亭公园，这是开封最大的园林，史上多次成为皇宫禁苑，包括午门、朝门、龙亭大殿等建筑，还有潘杨二湖、春园、盆景园、植物造型园及长廊水榭等景观。

入夜，我们在城中心一家犹太人后裔开办的饭店进餐，欣赏夜景，谈论古城历史……

◆ 开封铁塔

◆ 寻找犹太人饭店

进餐后，我采访了这位姓石的犹太人后裔——

问："目前开封有多少犹太人后裔？"

答："犹太人后裔大约有百十来户，300人左右吧。"

问："你们祖辈是何时来开封的？"

答："开封犹太人的先祖可能来自中亚的波斯，13世纪犹太人在中国开封定居。"

问："有没有犹太风格标志性建筑？"

答："崇祯十五年（1642年）犹太会堂被李自成为攻取开封而人为制造的黄河决口所淹毁。"

问："犹太人的血缘呢？"

答："与阿拉伯人很近。"

问："家中几口人，生活过得怎么样？"

答："5口人，生活很好！"

开封，沉睡夜幕月光中……

开封，一座久违的古城……

郑州：黄河文化公园·花园口·嘉应观

晴空万里，朝霞似火。

从开封沿黄河西行到达郑州市。郑州处在黄河河畔，与黄河有千丝万缕的关联。这里是黄河地上"悬河"的起点，黄土高原终点，黄河中下游的分界线，还是中华民族发源地的核心部位。

到郑州市后，我首先参观郑州市的黄河博物馆、二七纪念塔、二七纪念堂，之后来到郑州黄河文化公园即"黄河风景名胜区"，又称"郑

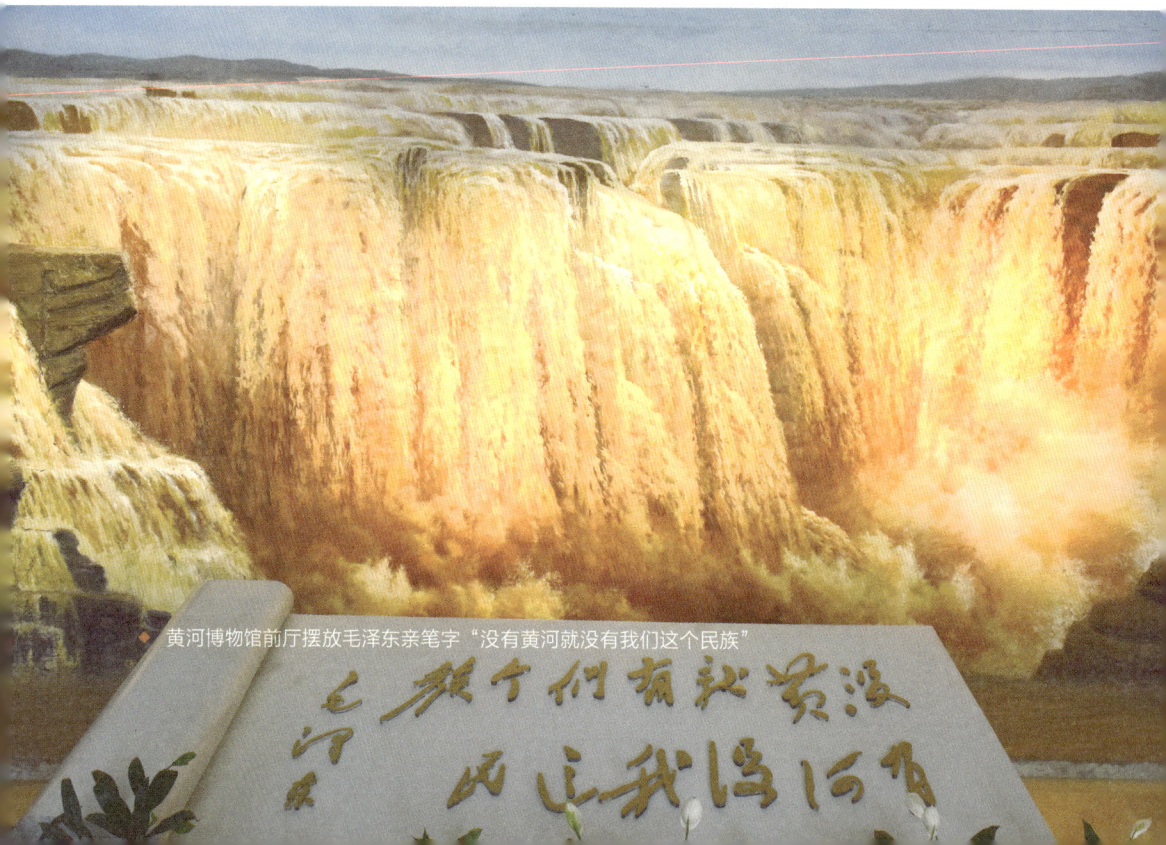

黄河博物馆前厅摆放毛泽东亲笔字"没有黄河就没有我们这个民族"

◆ 参观黄河博物馆

州黄河国家地质公园"。

我是从郑州市区驱车西北行 20 千米，来到黄河边。黄河文化公园南依岳山，北临黄河，是国家 AAAA 级景区。

我站到这里，真真切切看到这里的黄河流水，再仰望河边的岳山名胜古迹，大为感叹！这不就是源远流长的黄河文化嘛！

讲解员介绍说，景区历史文化遗产深厚，是"中华民族之魂"——黄河之旅的龙头景区。

走进黄河文化公园后，炎黄广场的地标建筑炎黄像太吸引眼球了！我从标牌上看风景区由七大景区组成，我选择炎黄二帝像、临河广场、大禹像、黄河母亲像、黄河碑林、万里黄河第一桥、毛主席视察黄河处这些看点。

小顶山风景区在五龙峰东 1.5 千米处，距离黄河很近，山脚下就是黄河渡口。我登上山，这里是毛主席视察黄河的地方，有"光荣洞"、

◆ 炎黄二帝石像巨雕

◆ 作者在黄河岸边的临河广场"黄河"石碑前向当地群众讲述黄河故事

◆ 泉水中的"黄河母亲像"

◆ 山巅之上的大禹像巨雕

毛主席视察黄河的纪念铜像。

关于光荣洞的来历，讲解员说："当时毛主席登向小顶山时途经农民刘宗贤的窑洞。刘老汉见到毛主席后双手捧一碗热茶送过去。毛主席接过粗碗一饮而尽连说'谢谢'。此后，刘宗贤住的窑洞取名光荣洞。"

据介绍，1952年10月31日，毛主席登至邙山的小顶山，视察黄河。当时主席面北而坐，望着远处的黄河和铁路大桥，神情凝重地说"黄河是养育中华民族的摇篮，又是连年征战、乱砍滥伐林木造成的一条害人河。黄河一出三门峡，就像一匹收不住缰绳的野马，放纵奔腾，搞不清会在哪里出乱子。历史上不知道黄河决口了多少次，使多少万人的生命、财产毁于一旦。现在到了我们手里，一定要驯服它。无论在任何情况下，决不能让它出乱子，要确保黄河的安全，你们要把黄河的事情办好，不然我是睡不着觉的。"

◆ 当年毛主席视察黄河旧址

在光荣洞前，讲解员说："对于母亲河黄河，毛主席当年有个夙愿。新中国成立之初，毛主席就提出'要把黄河的事情办好'，他原打算组织个马队视察黄河，深入调研一番，然后研究如何让黄河安澜。这个愿望后来没有实现。"

讲解员接着介绍说："毛主席在这里详细询问黄河什么时候水涨、水落、泛滥，然后坐下来凝视黄河，在此留下一张珍贵照片。"

这时，讲解员指向宣传牌上的毛主席视察的照片。

在此，我赶紧抢拍了一张毛主席画像的照片。

之后，我们去五龙峰西部1.5千米的骆驼岭风景区，看到大禹像。讲解员介绍："大禹在此引导人们凿山开渠，导流入海，终于黄河水得到控制。《书·禹贡》所记载的'荥波既潴'即指此事。后来这里称荥泽。黄河改道南移，贴山通过。"

◆ 花园口界碑

　　毛泽东、大禹在黄河治水，是为老百姓谋幸福。而历史上的李自成、蒋介石决堤黄河，是置百姓于死地！

　　离开黄河风景区，我又沿黄河来到郑州市区北郊 17 千米处黄河南岸的渡口花园口。

　　我站在黄河渡口，百感交集，这就是当年国民党扒开黄河堤坝开口放流黄河水的地方。

　　广场上的碑文显示：1938 年 5 月下旬至 6 月初，日军在占领徐州后沿陇海路西进，准备夺取郑州，进攻武汉。为了阻止日军前进，6 月 9 日，

◆ 作者听当地人讲述花园口事件

◆ 一九三八年扒口处雕塑

蒋介石下令炸开郑州东北花园口黄河大堤。花园口决堤虽打破了日军的作战计划，为保卫武汉争取了时间，但同时也淹没了河南、皖北、苏北40余县的大片土地，给广大人民群众造成极大的灾难，80余万人惨遭溺死，千百万人流离失所，并形成连年灾荒的黄泛区。

这就是历史上的一大惨案！

在花园口，一位90多岁的老人是当年的见证者，他说："黄河决口太可怕了！亲眼看到滔滔的水流奔腾而出，冲向庄稼地、冲向村庄，人们跑都来不及……"

蒋介石下令决堤，根本没有想到老百姓的死活。

花园口南面的黄河邙金河务局原副局长余汉青说："黄河既是中华民族的母亲河，又是一条桀骜不驯、多灾多难的河流，曾被称为'中国之忧患'。治理黄河，历来是安民兴邦的大事。宋代时，花园口就有了治河的汛兵，而这花园口段险工清朝康熙年间就已经有了。旧中国黄河下游只要发生每秒1万立方米以上的洪水，几乎都要决口泛滥，不到每秒6000立方米就决口的事例也屡有发生。而新中国成立以来，花园口发生过每秒1万立方米以上的洪水10次，没有一次决口。"

我问讲解员："为什么叫花园口？"

讲解员说："明朝嘉靖年间，吏部尚书许赞建了占地540亩的花园，因为旁边的渡口是连接黄河两岸的通道，因此叫花园口。黄河的决口，许赞家的花园早已被洪水淹没，古老的渡口在 20 世纪 80 年代郑州黄河公路大桥建成后拆除。"

出花园口，沿黄河西行，一个小时的车程，我们来到武陟县境内的嘉应观乡二铺营村村边。

在路边有一座古建筑，上边写有"嘉应观"三个字，当地叫庙宫，又称黄河龙王庙。

我下车后，看到庙宇恰好坐落在黄河边，是为了镇黄河泛滥的一座神庙，始建于 1723 年，雍正皇帝亲自撰文并书写铜碑。

门口标注嘉应观为国家 AAAA 级景区，是第五批全国重点文物保护单位。

我走进庙宇，整体建筑像小故宫。我一边走一边看，发现庙中龙的雕画特别多，尤其是大殿天花板上有数十幅圆形彩绘龙凤图彩绘，特别是龙图案，引起我的思考。工作人员介绍："黄河的这一河段是龙图案

◆ 询问黄河安澜之事

◆ 嘉应观

的发祥地，这里有考古遗址的照片，成千上万的贝壳组成了龙的图案，可以追溯到六千年前。"

庙院里的牌匾介绍说明：武陟历史上黄河 5 次决口，康熙派雍正亲临堵口，加固堤坝，并为堤坝题碑名为"御坝"；雍正为祭祀河神、封赏历代治河功臣，特下诏书建造嘉应观。

1950 年，嘉应观西院改建傅作义和苏联专家治理黄河指挥部，开发黄河水资源，修建人民胜利渠。

我在庙中参观了山门、御碑亭、严殿、大王殿、恭仪亭、舜王阁、治理黄河指挥部旧址等地。

之后，我参观了"毛主席视察黄河休息室"。

离开嘉应观北行，去看一处出土恐龙化石的地方。原来，历史上在黄河边还有恐龙活动的轨迹。在现场，通过气味鉴别真假恐龙蛋，引起我的极大兴趣。晚上，又回归到黄河边上的嘉应观。

夜宿黄河之滨，听黄河流水，入黄河梦……

黄河，有多少有识之士为之付出！

黄河，有多少重量级人物为之决策保护！

新郑：黄帝故里、西亚斯学院同框古今中外

提到新郑市，一般外地人很少了解。新郑市原为新郑县，归属郑州市管辖。

我离开郑州黄河风景区后穿过郑州市南行，一小时车程到了新郑市。

自从郑州高铁站和郑州机场落户新郑地界后，名声在外，尤其它是黄帝故里所在地。

我是到这里的郑州西亚斯学院作主题教育报告才知道的。

穿行在新郑街道，看到满街满巷宣传"黄帝故里"的标识。再次证明这里是黄帝出生之地。

◆ 黄帝故里（张剑华 摄）

宣讲的时间是下午，我利用上午的空闲去黄帝故里，它是黄河文化的一部分，由郑州西亚斯学院书院罗鸿群院长陪同。

十分钟车程，我们来到黄帝故里门口，我迫不及待打开相机，拍下黄帝雕像。因为，我第一次听说黄帝故里在新郑这个地方。

罗院长是个新郑通，他介绍："新郑古为有熊国，五千年前，轩辕黄帝出生于新郑北关的轩辕丘，长于姬水河畔，黄帝元年即位。黄帝带领先民肇造了光辉灿烂的中华文明，奠定了中华民族的根基。汉代时，人们在轩辕丘上建造了轩辕庙。清朝康熙五十四年即 1715 年，新郑县令许朝柱在祠前立轩辕故里碑，缅怀始祖功德。"

碑文记载："古传郑邑为轩辕氏旧墟，行在北有轩辕丘遗迹，乃当年故址。"

碑文还显示《括地志》："黄帝征战蚩尤，初都涿鹿，即位乃都有熊。"

看完碑文后，我们进入黄帝故里区域。

罗院长一边走一边介绍说："这里为国家 AAAA 级景区。黄帝故里是海内外炎黄子孙拜祖圣地之一，是普天下华夏儿女纪念人文始祖轩辕黄帝的地方。"

我们先后参观了汉代建轩辕庙、轩辕桥、"轩辕故里"碑、拜祖广场、轩辕丘和黄帝纪念馆及"天下第一鼎"黄帝宝鼎。

从整体布局来看，突出"中华之根"主题，构成了"天、地、人"

◆ 轩辕帝大殿

◆ 拜祖大典

三大板块。主体反映体现了黄帝是华夏儿女的祖宗，千百年来，普天之下神州龙子认祖寻宗是亘古不变、永世不泯的情感。

黄帝故里已被列为我国爱国主义教育基地。

下午，罗院长陪我走进西亚斯学院大礼堂。

西亚斯学院原来叫西亚斯国际学院，其中，"西亚斯"三个字既有现代的一面，又有洋的一面，是一所与国外合办的综合大学。

罗院长介绍，西亚斯学院确属中外合作办学机构，占地面积2400余亩，有教师1820余人，在校生34000余人，校园的建筑都是欧式风格，很有特色。

这一天是非常有意义的一天。上午参观黄帝故里，接受爱国主义教育。下午为大学生宣讲，同样是爱国主义教育。

讲座内容主要是传承红色基因、增强爱国情怀、讲好黄河故事等。

现在回想起西亚斯学院这场宣讲仍记忆犹新……

宣讲在河南省西亚斯学院大礼堂举行，学院党委书记马建生出席报

会场

主讲人：王喜民
第七届长江韬奋奖（长江系列）获得者
首届全国百佳新闻工作者
原河北人民广播电台副台长
与师生们交流

讲述了边疆儿女、援藏干部等感人
情感！
报告会现场宣讲

告会并给我颁发校外导师聘书。

各书院师生党员代表等900多人聆听了报告。报告会由学院书院总院院长罗鸿群主持。

报告会上，我结合实地采访，带领师生坚定革命理想信念，向在场师生传递"没有共产党就没有长征的胜利，没有共产党就没有新中国"的深刻感受。

报告会现场气氛热烈，感人的故事、动人的场景，激励着在场每一位师生。

罗鸿群在总结发言中指出，今天的报告会我们接受了一堂爱国主义教

◆ 西亚斯学院的欧式风格建筑

育课，全校广大师生要以实际行动努力为实现中华民族伟大复兴的中国梦贡献力量。

郑州西亚斯学院副校长郑敏说："适逢我校开展主题教育，王教授的这场报告给我们送来了精神食粮。王教授用双脚丈量祖国国境线，用实践的血肉丰满了理论的骨架，是理论与实践的结合，是一场生动的爱国主义教育课。在今后的思想政治教育工作中，我们要更多地开展这样的爱国主义教育，让师生升华理想信念，厚植爱国情怀。"

宣讲结束后，郑校长带我参观校园，她说："西亚斯学院是河南省独有的极有特色的一所大学校园，为国家培养了很多优秀人才。"

黄帝故里，让我们追根拜祖勿忘祖先！

西亚斯，一堂难忘的爱国主义教育课！

桃花峪：忆《河北大批机手跨越黄河收割小麦》

从郑州市沿黄河西行 40 千米，来到荥阳市广武镇境内的桃花峪。桃花峪有"桃花如流瀑，阡陌飘红云"的美景。

桃花峪的分界石碑、桃花峪赋、桃花峪黄河大桥是我选择的看点。

分界碑矗立在山丘上。在李赢向导带领下，我们拾级而上。李导介绍，桃花峪沟壑纵横，峪沟山梁，地形独特，史迹名胜繁多，为古今文人骚客必游之地，相传上古时期燧人、伏羲、神农氏在此种粮、采药，施化

◆ 沿途的"黄河国家文化公园"宣传柱

于民，给后人留下了许多美妙的传说。

李导介绍，桃花峪的特殊的地貌，引人瞩目。2013 年人民教育出版社八年级上册《地理》教材中，桃花峪取代原来课本中的河南"旧孟津"成为黄河中下游的分界。

我问："桃花峪名字的来历呢？"

李导说："桃花峪因景而得名。"《河阴县志》记载：桃花峪"夹岸多桃林，春三月时，游人为之目眩"。

我问："地貌特殊在什么地方？"

李导："桃花峪为中国三大阶梯地势二、三级交接点，山地与平原衔接处。"

我们经过攀登到了分界碑。

这座黄河河畔竖立的"黄河中下游分界碑"蔚为壮观。界碑简介："黄河中下游分界碑于 1999 年 10 月动工筹建，2000 年全部竣工。界标高 21 米，意为 21 世纪，四面玉栏护持，玲珑旋梯连接，预示沿黄人民四季生活蒸蒸日上。界碑南北一线，显示了黄河中下游分界。"

● 作者在桃花峪与郑州十一中教师侯相君、王鹏探讨黄河中下游分界

据悉，黄河桃花峪至入海口为下游。流域面积 2.3 万平方千米，仅

◆ 桃花峪赋石碑

占全流域面积的 3%，河道长 785.6 千米，落差 94 米。

之后，我们来到桃花峪黄河大桥。桃花峪黄河大桥是连接郑州市荥

阳市和焦作市武陟县的过黄河通道，是武陟至西峡高速公路跨越黄河的一座特大桥梁，是黄河中下游分界的地标性建筑。大桥全长线路为 28.6 千米，大桥部分全长 7703 米。大桥构成郑州大都市圈的"日"字形高速公路大环线；将南太行山风景区、云台山风景区、郑州黄河风景区、桃花峪风景区、嵩山、尧山及伏牛山风景区连接成生态旅游网，成为中原腹地至豫西北地区的一条快速旅游通道、豫晋能源交流纽带。

我站在桥头，望着大片的麦海，想起了当年我在这里采访《河北大批机手跨越黄河收割小麦》的日子。这篇文章获全国好新闻一等奖。这是我从事新闻工作以来第一次获全国一等奖，令我回忆起当年的酸甜苦辣……

那是 1995 年 5 月 27 日，我乘采访车，由河北进入河南，到达黄河大桥。

俯瞰桃花峪黄河大桥

◆ 观察黄河水流

只见来自河北的联合收割机一辆接一辆，源源不断，像铁龙一样。

赴河南采访开启第一天，我携带着录音采访机，一边采访一边录音。录制了大量活生生的素材，准备用录音报道的形式播发，让河北全省人民听到河北机手跨越黄河收割小麦的现场报道。然而，意外的事情发生了。

傍晚7时半才返回驻地，汽车停在一家小吃店门口，准备简单吃点饭就回招待所整理录音，因为编辑部还等着接稿呢。吃完饭出来，我一下子愣住了：汽车玻璃被砸，车内的采访机、话筒、提包被盗窃一空。见此情景，我几乎瘫坐在地上，心想这下可完了，发录音报道的计划破灭。

作为一名广播记者，有什么能比失掉采访机更痛心的呢？再说，发文字稿也不行了，因为采访本在手提包里。

事件发生后，我立刻向当地派出所报案。派出所所长说，这可不好破，不法分子早已跑远；又马上向当地公安局反映，得到的回答同样是不好办。之后又迅速与许市公安局联系，一位副局长说难度太大。接着我向他阐明三点：第一、这次来河南采访，代表河北省台，还要负责向中央台传稿，责任重大；第二、下一站到郑州给河南省省长录音，录音机被盗事件发生在此地，不好交代；第三、请求公安局当成一件大事尽快破案。公安局领导意识到问题的严重性，开始重视起来。他们不仅当成一个重大案件破，而且看作一个政治事件。为此，连夜将被砸汽车拉到公安局，进行检查取证。还召开了紧急会议，调动全部警力，兵分四路捉拿不法分子，追寻被盗录音机。

这次事件，不法分子不光盗走采访机，还偷走了放在汽车内装有900多元现金和所有住宿报销单据的提包。没了钱，等于断了粮草；失掉采访机，等于没了武器；坏了汽车，等于失去双腿。这辆汽车是河北农机局专门为采访而调的一辆从来没有用过的新车，心痛得司机直咧嘴，但又无可奈何，只有送到修理厂去了。

采访机被盗，钱包被偷，汽车被砸，使得这次采访蒙上了重重的阴影……

水路不通走旱路，录音报道搞不了，就写文字报道，无论如何今天一定要拿出高质量的稿子来，不达目的誓不罢休。

许多事情往往如此，说起来容易做起来难。因为录音报道和文字报道表现形式截然不同，必须从头开始。

返回招待所，房间吃紧，客厅人满，会议室又有客，无奈，我在卫生间的一个小平台铺开了稿纸……

尽管写稿的环境条件差，但丝毫不影响我的思路，胸中的激情像放开的闸水一样向外奔涌。

文章开局我就把联合作战的气氛渲染上来，"中原麦海，机声轰鸣"，一笔勾出河南大地机收的宏大景象。而这一景象，正是河北涌入河南的万名机手所致。"南征北战的序幕拉开了，这张大幕里，挺站着顶天立地的河北农民，而且是昔日握镰刀把子的农民"。从握镰刀把到开收割机，从坐地虎到外出经营，这不是思想的跨越吗？

经过一个多小时的改写，稿子出来了，而且是在卫生间里产生的。当地一位领导得知这一情况后，晚饭洗尘一连喝了12盅酒以示歉意。

正在这时，公安局打来电话，采访机已被公安人员追回。得知这一情况，我很高兴，当拿到采访机一看，录音机磁带已没。

时效，是新闻的生命，特别是广播新闻。一条好的新闻报道，如果把采访看作第一道工序，那么写稿就是第二道工序，第三道工序要数发稿了，稿子发不出去，就会失效。

身在异地他乡，采访不易，写稿不易，发稿更不容易，有时挂个电话也要费好多周折和时间。

这是很难忘的一夜。晚上我一直在往回挂电话，等把电话挂到编辑部已是半夜一点，值班编辑早已下班。怎么办？隔一天再发，不行，那就成旧闻了。我又拨通家里的电话，爱人从睡梦中急忙起来，铺开稿纸接稿抄写。抄完稿已是凌晨3点多钟了，而后又整理、校对、誊写，等整好后，又一个人摸黑从家里赶到河北人民广播电台，将稿件送到台新闻部主任郜世泽手中。早晨7点，电台准时播出了我从河南桃花峪发来

◆ 作者当年在麦田收割机前采访当地农户

的报道。一篇浸满血汗的新闻稿《河北大批机手跨越黄河收割小麦》就这样诞生了：

中原麦海，机声轰鸣。河北省涌入河南省的一万多名机手拉开"南征北战"的序幕。昔日握镰刀把子的农民，如今开上联合收割机在异地他乡搞起经营。

这么多机手跨省收割小麦，在中国夏收史上是罕见的。近年来，河北农民麦收已不在自家的一亩三分地上打转转儿，而是把收割机开出家门去挣钱。特别是今年以来，他们的目光又投向省外，出现前所未有的购机热，全省收割机保有量一下子猛增到13000台，跃居全国第一。农民操起购置的收割机，利用我国小麦成熟期的时间差，流动作业。收割路线是：河南—河北—北京—山西—内蒙古。

这是河南省中南部小麦大面积开镰的第一天。记者沿107国道在河南农村采访，只见一台台挂有河北牌号的收割机由南而北向黄河一线推进，气势恢宏，蔚为壮观。

在麦田里，一位来自河北望都的机手满怀激情说："我要一直割下去，割不到黄河不罢休！割不到长城非好汉！割不到河套不回转！"当问起一趟下来的收入时，他笑呵呵地伸出五指，在空中画了四个大圆圈儿。

河北机手到河南，大受当地农民欢迎。这里有句俗话："女人最怕坐月子，男人最怕割麦子。"河南夏收任务重，小麦面积比河北多一倍，而收割机总量只有河北的三分之一。时至今日，河南不少地方的农民还是"面朝黄土背朝天"，用镰刀收麦。当河北的收割机开来时，人们一拥而上，争抢雇用。

河北、河南对参战的机手大开绿灯。记者在收割现场看到，两省派来的上百名技术人员和一辆辆维修专车，巡回田间，跟踪服务。良好的作业环境使机手们如鱼得水，似虎添翼。到昨晚10点发稿时，中原大地依然机声不断，这些燕赵之子在夜幕中继续挥师北上。

◆ 颗粒收仓，粒粒皆辛苦

　　"轰隆隆——"

　　突然，一阵机鸣，打断了我的回忆，如梦初醒……

　　收回思绪，重振精神，又投身到黄河溯源的采风中……

注：《河北大批机手跨越黄河收割小麦》为作者的代表作，获全国好新闻一等奖，收入《中国高级记者成名作》和中国传媒大学范文教材。

嵩山、老君山：登峻极峰、伏牛山顶看黄河东去

　　嵩山，号称中岳，为五岳名山，由太室山和少室山组成，主峰称峻极峰。山中峰多寺众，有"上有七十二峰，下有七十寺"之美，登"峻极峰顶，黄河东去"之意景！

　　嵩山为国家 AAAAA 级旅游景区，其中有少林寺、东汉三阙、中岳庙、嵩岳寺塔、会善寺、嵩阳书院、观星台等，为中原第一名山，被联合国列为世界文化遗产。

　　老君山，是八百里伏牛山脉的主峰，为国家 AAAAA 级景区。

◆ 嵩山进山门"寻真"

◆ 少林寺

少林寺，名扬天下，大家无人不知，它是中国佛教禅宗祖庭和"中国功夫"的发源地之一，被誉为"天下第一名刹"，有"天下功夫出少林，少林功夫甲天下"说。

在通往少林寺的公路两旁，满眼少林功夫的习练者，满耳少林功夫的乐声，满鼻都是飘来的香气。

少林寺练功气氛太浓了！

我来到少林寺门口，三个大字"少林寺"那样雄劲有力，那样苍穹厚重，让人想到了历史，想到了祖国文化。

"少林寺"是树林中的寺。"少林寺"三个字是清康熙帝亲笔所题，匾正中上方刻有"康熙御笔之宝"六字印玺。大门两侧的石狮，雄雌相对，镇守两边。东石坊外横额："祖源谛本"，内横额"跋陀开创"；西石坊内横额："大乘胜地"，外横额："嵩少禅林"。

每次进少林寺，我都要品味门口的文字及字的含意，这些字句有很深的文化底蕴。

我由少林寺门口而入，和以前参观一样，沿着中轴线依次欣赏大门、天王殿、大雄宝殿、藏经阁、方丈院、立雪亭、千佛殿。

我尤为关注的是每层院落及殿内的牌匾文字及门框两边的对联，琢磨着中国的特色文化及历史渊源。

特别是甬道两旁的碑林，共有 20 多通历代石碑，如"宗道臣归山纪念碑""息息禅师碑"等。让我投入思考的是东侧长廊陈列有从唐代到清代的名碑 100 多通，简直是文海、诗海、字海，令人目不暇接！

我走到钟楼前，碑刻为《皇帝嵩岳少林寺碑》即《李世民碑》，右起第五行有李世民亲笔字"世民"二字，背面刻的是李世民《赐少林寺柏谷庄御书碑记》，记述了十三棍僧救秦王的故事。影片《少林寺》就是从这块碑文上了解的真实历史。

立雪亭又称"达摩亭"，建于明代。龛上悬挂的匾额"雪印心珠"为清乾隆皇帝御笔亲题，字体遒劲，气势豪迈。

在方丈院落，我走进室内。乾隆曾西渡洛水至少林寺时住在这里，乾隆在此赋诗一首："明日瞻中岳，今宵宿少林。"其诗句耐人寻味。方丈室又称"行宫"和"龙庭"。

少林寺西边不远处，有唐、宋、金、元、明、清的塔 231 座，是历代少林高僧安息之地。这就是著名的塔林，是少林寺院外一大片历史遗迹。塔林和初祖庵一并被列为国家级重点文物保护单位，并在世界文化遗产之列。

"初祖庵"即"达摩面壁庵"，是为纪念初祖达摩而建。

达摩是一个了不起的人物，他的故事要去看看"达摩洞"才会知道其中的情节。

我们专程绕路去少林寺背后五乳峰上的一个石洞，此洞就是当年达摩祖师九年面壁之处，称为达摩洞。

山前，写有三个字"达摩洞"，字体很神秘。洞旁文字介绍，禅宗初祖达摩于公元 527 年到 536 年在此洞面壁静坐长达九年之久。

达摩洞的洞内台上有三个石像,中间的为达摩坐像。据清《说嵩》记载,在洞的左上方,原有一小石塔,东壁题有"本来面目"。洞外西边石壁上有"面壁洞天"。

少林寺可去之地太多了。

走出少林寺,我去往爬嵩山的路,试想居高临下,再度俯瞰少林寺全景,达到看景的极致,不留下任何遗憾!

嵩山,是中华文明的重要发源地,五岳中的中岳,我一边攀登,一边仰望嵩山山顶,体味人生价值。

途中,我去嵩山书院、嵩岳寺塔、法王寺、老母洞、老君祠,在老君洞,我还见到了徐霞客的塑像。

继续攀登,不能停息。几经周折山道,才到达盘古殿,其中供奉着创世纪神"盘古"。

攀登、攀登再攀登,终于到达嵩山的主峰峻极峰。在峰顶竖立着一块石碑,上面写着"峻极峰—海拔高 1491.73 米"。在此,我看到一大群人拥向石碑拍照。突然,有个人摔下来,

乘坐缆车感受祖国大好河山

嵩山老君洞

◆ 作者第一次爬上嵩山制高点峻极峰顶凝望"黄河东去"

倒在石头上，碰的身上出血，太可怕了！不像我第一次来没有几人留影，为此我放弃拍照。

这时，我站在嵩山山顶，环视四周：南看绵绵箕山，东瞧蒙蒙郑汴，西瞅渺渺洛阳，北望粼粼"黄河东去"！

"黄河东去"！"黄河东去"！我看到了！太激动人心了！我终于眺望到了50千米以外的"黄河东去"……

"黄河东去"！这是嵩山的一大景观！我立在峰顶，那远山、近松、白云、雾气，大有"一览众山小"之感！把目光放远、放远，再放远：那弯弯曲曲的黄河，如龙似带，飘动、飘浮……这时，心中的忧愁、怨恨、纠结、杂念、颓唐、烦闷，有如"黄河东去"，一去不复返……

这时，我想起陆游的诗："三万里河东入海，五千仞岳上摩天。"

从嵩山下来后，过旧县去栾川，再到永吉服饰站，来到了老君山山脚下。

穿越老君山一线天

◆ 攀登老君山南天门

◆ 直抵伏牛山主峰

没有想到，我和曲洪财队长及张总，连续两次乘索道缆车才到半山腰。然后再步行，沿弯弯的攀山路，慢慢爬行……

周围的山势险要，而今天天气晴朗，阳光明媚，蓝天白云，增加了攀爬的勇气。我们先是过一段约300米长的山洞，洞出口设立的攀岩，很吸引眼球。

开爬了！沿弯弯的绝壁栈道，穿"十里画屏"、极峡洞一线天，终于爬上老君山顶的黄河与长江分水岭。

分水岭旁是伏牛山主峰，像个石柱直插云霄。这里，挤满了人，排长队照相留影。

利用这个时间，我采访了守山的工作人员，他说："老君山是秦岭余脉八百里伏牛山的主峰，海拔2200米。秦岭—伏牛山—大别山是横贯我国中东部呈近东西走向的山脉，也是我国重要的南北地理分界线，位于秦岭余脉伏牛山脉主脊线上的老君山也处在分界线上。老君山的拔地而起，在此构成北亚热带气候与

◆ 黄河、长江分界线黄河一侧

暖温带气候的地理分界，河流水系也在此南北分野，南坡西峡县境内的水系通过老灌河汇入丹江（长江支流），属于长江流域；北坡栾川县境内的水系通过伊河汇入黄河，属于黄河流域。"

伏牛山主峰一侧玻璃滑道边是论道台，这里布满宣传照片。

◆ 爬老君山者人山人海

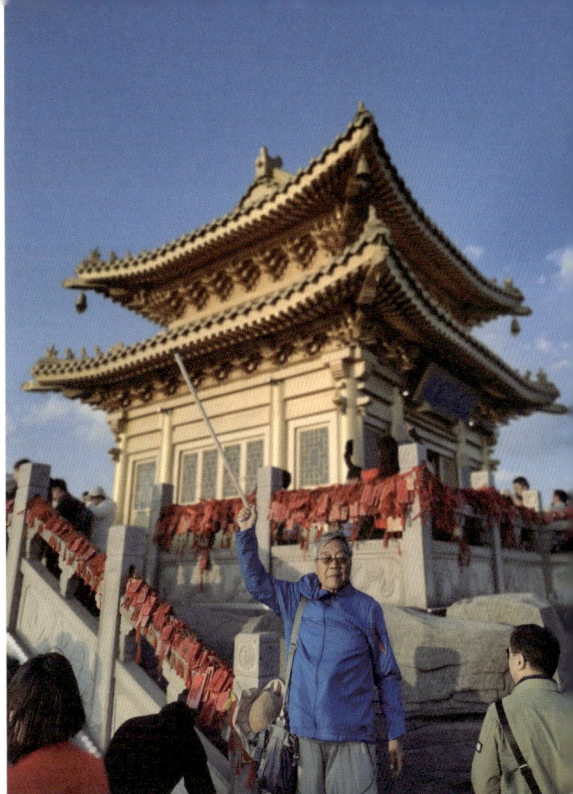

稍休，继续爬上直梯一样的台阶，到达南天门。这里是金顶道观群，最明显的标志是金殿、老君庙、老子巨书雕刻。

在这里眺望，左看是亮宝台，右看为玉皇顶。

世上无难事，只要肯登攀！不泄气，不松劲！我硬是坚持爬到了山峰极巅亮宝台！

兴奋啊！激动啊！

我深深吸了一口气，登高远望，透过白云，仿佛看到了黄河起舞，仿佛看到了"黄河东去"……

◆ 经过艰难攀爬最后终于登上山峰极巅亮宝台

◆ 山巅金殿

洛阳：白马寺·龙门石窟·玄奘·白居易故居

山高水长，万里无云。

沿黄河一路西行，历史名城洛阳就在眼前。

迎接我的是杨肉蛋，他是我的同乡，按老家村里的辈排，我称他杨哥。

他父亲是一位军人，转业后留洛阳工作。

杨哥对洛阳可谓了如指掌，因为他在洛阳出生长大。

进洛阳古城，通过"中原第一门——丽景门"，迎宾的一副对联"不

◆ 丽景门

◆ 洛阳牡丹

到丽景门，枉到洛阳城"。

徜徉于古街，满眼的牡丹花，红的、黄的、蓝的、紫的，万紫千红，异彩纷呈。洛阳作为中国牡丹城，真是名不虚传。

我们逛完牡丹园，来到白马寺。只见"白马寺"三个字非常清晰，很多人在寺前拍照。我们走进院内，沿南北中轴线，依次走进山门、天王殿、大佛殿、大雄殿、接引殿、清凉台和毗卢阁。

最有看点的是大佛殿。大佛殿为单檐歇山式，内供一佛，文殊、普贤二菩萨，迦叶、阿难二弟子及观音菩萨等塑像。

杨哥介绍："白马寺是中国佛教的发源地，被称为'中国第一古刹'，始建于公元 68 年东汉时期。白马寺是佛教传入今后兴建的第一座官办寺院。而第一次去'西天取经'的朱士行始于白马寺，最先来华的印度高僧禅居于白马寺，最早传入的梵文佛经《贝叶经》收藏于白马寺。"

我说："这么多第一？"

◆ 白马寺

杨哥："最先、最早，也是第一！"

可见"中国第一古刹"名不虚传。

观光白马寺后，才知道它在国际上的影响——它是越南、朝鲜、日本及欧美国家的释教发源地，还是世界唯一拥有中、印、缅、泰四国风格佛殿的寺院。

离开白马寺，我们驱车 12 千米，来到列入世界文化遗产的龙门石窟。

我们拾级而上，亲近石窟。

看吧，那 2100 多个窟龛、10 万余尊造像，数量之多位于中国各大石窟之首。

我们走进奉先寺，这是龙门石窟规模最大、艺术最为精湛的一组摩崖型群雕，窟内的卢舍那雕像精美绝伦，代表唐代雕塑艺术的最高水平。宾阳洞里释迦牟尼像为北魏石雕艺术杰作。古阳洞是龙门石窟造像群中

◆ 参观龙门石窟者人头攒动

◆ 攀登龙门石窟需要耐力

开凿最早、佛教内容最丰富、书法艺术最高的一个洞窟。

奉先寺原名大卢舍那像窟，龛雕一佛、二弟子等十一尊大像。石窟正中卢舍那佛坐像为龙门石窟最大佛像，身高 17.14 米，头高 4 米，耳朵长 1.9 米，造型丰满，衣纹流畅，是精美绝伦的艺术杰作。

在石窟前，我们看到联合国教科文组织世界遗产委员会的评价：龙门地区的石窟和佛龛展现了中国北魏晚期至唐代（公元 493—907 年）期间，最具规模和最为优秀的造型艺术。这些翔实描述佛教中宗教题材的艺术作品，代表了中国石刻艺术的最高峰。

离开龙门石窟，我们驱车 40 千米来到偃师区缑氏镇凤凰山下的陈河村，这里是玄奘故里。

洛阳是《西游记》故事的发祥地，唐僧的原型是唐朝的玄奘。走在玄奘故里，坐北朝南的建筑很是整洁，有玄奘住屋、皇家寺院佛光寺、陈家花园、凤凰台、马蹄泉、晾经台。

陈河村依山傍水。在玄奘故居前，我访问了一位老者，他向我讲述

◆ 玄奘故里

了玄奘小时候在净土寺当和尚的故事。

告别玄奘故里，我们又前往洛龙区安乐乡狮子桥村东，这里是白居易曾经居住之地。

故地仿唐代东都的"田"字形里坊街道兴建，内有白居易故居、白居易纪念馆、乐天园等。白居易墓碑上写着："唐少傅白公墓"，其中少傅是官职的意思。

白居易（772—846 年），祖籍山西太原，曾祖父时迁居下邽，生于河南新郑，828 年因病回洛阳履道里。白居易为唐代大诗人，元和时曾任翰林学士、左赞善大夫，因得罪权贵，贬为江州司马，晚年好佛，因而人称诗佛，又自号乐居士。他一生作诗很多，尤以讽喻诗为最有名，语言通俗易懂，被称为"老妪能解"。叙事诗中《琵琶行》《长恨歌》等极为有名。

乐天园是根据白居易的名作《琵琶行》等诗意而建的园林。白居易墓，为全国重点文物保护单位。

峰回路转，夜幕降临。

洛阳有 5000 多年文明史、4000 多年建城史、1500 多年建都史，是我国八大古都之一。先后有九个朝代在此建都，故有"九朝古都"之称。洛阳是华夏文明的发祥地之一、丝绸之路的东方起点。现存有二里头遗址、偃师商城遗址、东周王城遗址、汉魏洛阳城遗址、隋唐洛阳城遗址等五大都城遗址，还有含嘉仓等 3 项 6 处世界文化遗产，国家 AAAA 级以上景区 30 处。

这就是古都洛阳！

初夜，杨哥和我共进晚餐。席间，又谈论起家乡的往事。小时候，杨哥的奶奶每天背着挎筐拔草，每月收到洛阳儿子的汇款单，她都自豪地向乡亲们"显摆"自己儿子的孝顺。

洛阳的夜是宁静的，窗外不断飘进阵阵牡丹香气……

小浪底：“北方的千岛湖”

离开洛阳去往小浪底水库的路上，半小时车程，只见路边一座巨型石碑，上面写着"河图之源、六朝帝京、邙山福地、黄河明珠——孟津"18个大字。

原来，已进入孟津地域。

孟津，原来为孟津县，现已改为孟津区。

孟津具有5000多年文明史，夏为孟涂氏封国，因扼据黄河要津而得名。在洛阳建都的13个王朝中，先后有6个朝代建都在这里，孟津因此有"六朝帝京"的美誉。

◆ 静静油菜花 滔滔水流急

孟津走出了西汉文学家贾谊、唐代文学家韩愈、明清书法家王铎、现代作家李凖。李白写下了"黄河三尺鲤，本在孟津居"，王维写下了"家住孟津河，门对孟津口"。

汽车在行驶……

沿途有平原、湿地，有土岗、丘陵、缓坡……地势高低一直在变化，路边的农舍，错落有致。

当我打开车窗，一阵油菜花香。那大片的油菜花，绽开怒放，顺黄河而去飘向远方……

◆ 黄河中下游地理分界线纪念碑

这时我问司机小刘："这里的地形差异明显，怎么回事？"

小刘说："这个地带竖立着一座黄河中下游分界线纪念碑，标识这里的地形变化。"

我刚去了黄河边上的桃花峪，那里有一座"黄河中下游纪念碑"，怎么这里也有一座类似的纪念碑呢？我决定去看个究竟。

一个小时的车程，来到"黄河中下游地理分界线纪念碑"前。

纪念碑看起来十分老旧，没有现代色彩。碑文上写着：

黄河，是中华民族的母亲河，哺育了自强不息的中华民族。万里九曲黄河，源于巴颜喀拉山麓，绕阿尼玛卿，跃岩峣祁连，闯巍峨贺兰，经荒野沙漠，贯黄土高原，穿行中条，翻越崤山，水以山势而湍急，流

◆ 黄河流向小浪底

因激越而咆哮，跌宕起伏，一泻千里，行八百里而至孟津，地势陡然平坦，河面倏尔开阔，浪静风平以屏声哉，水势平缓而息气兮，孕育了光耀千秋的华夏文明……

看完碑文，我询问一位当地的老干部，黄河中下游分界碑为什么在此建？这位老干部说："分界在孟津，在历史上，地理教科书都有记载。"

讲完，他用手指着不远处说："你去看看吧，那里还建起了一座'黄河中下游分界标志塔'呢。"

熟视无睹，塔就在旁边。

孟津的一碑一塔，是在证明此地是分界。

此刻，我面对孟津的一碑一塔又想起桃花峪的"黄河中下游分界碑"，真是难分难断！桃花峪建分界碑的理由是因为桃花峪地处中国一二阶梯交界处，是黄河冲积扇的顶端。桃花峪分界后写入河南省志第四卷《黄河志》和初中地理课本……

此时，我又想起在嘉应观县采访时得到的消息，嘉应观人也认定"黄河中下游分界"在他们的地域。

汽车一声鸣叫，打断了我的思路……

"休管他人瓦上霜"。不去查证这些了！但，从另一方面讲，说明当地人思想的解放！

又上路了！

我们沿黄河岸边西行，黄河流经孟津 59 千米，这一段水很清亮，呈现出"万里黄河孟津蓝"的壮丽奇观！

当我站到小浪底水库大坝时，一下子被湖光水色所吸引：那平静的水面，那荡起的波纹，那耀眼的粼光，那游动的木船，很有诗情意境！

小浪底水域广阔，被誉为"北方的千岛湖"，恰如其分，一点都不为过。

小浪底水库水利枢纽坝址所在地为黄河南岸的孟津县小浪底村，北岸为济源市蓼坞村，是黄河中游最后一段峡谷的出口。

过大坝，我与一位水利工作人员交流——

◆ 小浪底大坝

问："哪年开工？"

答："小浪底水利枢纽工程 1994 年主体工程正式开工，1997 年 10 月截流，2000 年第一台机组投产发电，装机 6 台，总装机容量 180 万千瓦。"

问："水库大坝的高度和蓄水量呢？"

答："坝顶长度为 1667 米，坝顶高程 281 米，水库正常蓄水位 275 米，库水面积 272 平方千米，总库容 126.5 亿立方米。水库呈东西带状，长 130 千米，上段较窄，下段较宽，平均宽度 2 千米，属典型的峡谷河道型水库。"

黄河小浪底现已开辟成旅游专线，为国家 AAAA 级景区，总面积 1262 平方千米，由小浪底大坝、荆紫山、八里峡等组成，荣获"河南十

◆ 小浪底水库

◆ 作者在小浪底水库边采访黄河人家生态保护

大热点旅游景区""东亚十佳旅游景区"等称号。

　　小浪底，被誉为"中国最具吸引力的地方"！

　　分界线碑，表明当代人们的开放意识！

三门峡：黄河第一坝·函谷关·蔺相如

沿滚滚黄河逆流而上，转眼来到三门峡。

黄河国家文化公园（三门峡段）以大坝文化产业园区建设为重点，推动文旅、农旅全链条发展。

站在三门峡大坝旁，气壮山河展现在眼前：那广阔平静的水面，拔地而起的河坝，四周延绵的群山，渺茫远去的水流……

此时，我从内心发出感叹：感受国家的力量，感受母亲河的壮观！

◆ 三门峡大坝

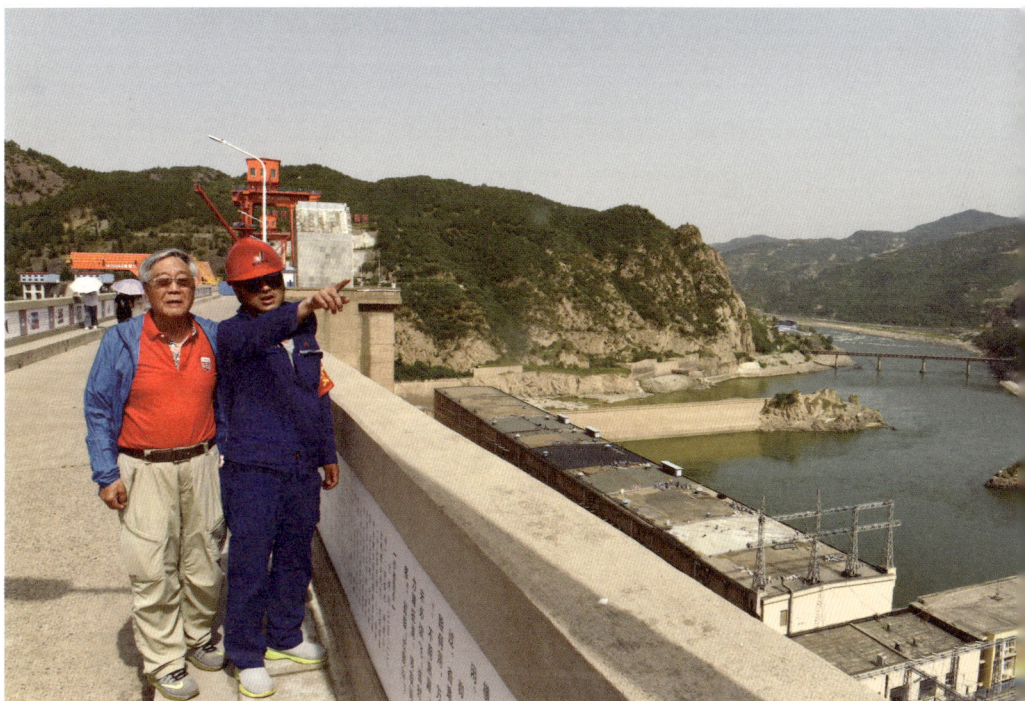

◆　三门峡技术员向作者讲述大坝建造过程

三门峡，好一派动容的蓝图！

三门峡，好一幅壮丽的画卷！

这就是黄河第一坝！

这就是黄河蓄水库！

陪同踏访的赵英先生介绍，三门峡，一说大禹治水时用铁斧，凿龙门，开砥柱，在黄河中游这一段劈开了"人门""鬼门""神门"三道峡谷，引黄河之水滔滔东去，三门峡由此得名。

实际上，旧时黄河河床中有岩石岛，将黄河水分成三股溪流由西向东，北面一段为"人门"，中间一段为"神门"，南面一段为"鬼门"，故此峡称为三门峡。

在大坝一侧的岗室，一位工作人员走出来，指着大坝介绍说，三门峡大坝工程于 1957 年开工，1961 年建成，被誉为"万里黄河第一坝"。大坝的建成结束了黄河三年两决口的局面。三门峡水利枢纽位于黄河中游下段，连接豫、晋两省。建筑物包括：混凝土重力坝、斜丁坝、泄洪排沙钢管、电站厂房等。主坝全长 713.2 米，最大坝高 106 米，坝顶高程 353 米，总装机容量 42 万千瓦。

介绍完之后，这位工作人员转身向着水闸方向说："看看大坝放水吧！"

这时我看到大坝泄洪放水，怒涛翻卷，峡谷轰鸣，水花飞溅，彩虹凌空，蔚为壮观！

站在三门峡大坝上，我又饱览了"不尽黄河滚滚来"的雄伟气势！

三门峡大坝的建成，使黄河在三门峡谷形成了一个美丽的湖泊。

这时，为近距离欣赏湖水，赵先生叫了一只小船，我们乘船游览。船只从大坝向山西芮城大禹渡方向行驶，这一段有 120 千米长。坐在船上观光，碧波粼粼，一望无际，似天池银河，尤其是两岸青山绿树，绵延不断，山光水色，相映如画……

在此，面对如今的三门峡，想到那大禹治水开凿的"人门""鬼门""神门"已与大坝融为一体，矗立在大坝下游的中流砥柱、张公岛、梳妆台、黄河古栈道，这些充满着神奇色彩的斑斓，都在波光水影之中了……高峡平湖，碧波荡漾，千年古峡已成为黄河上的梦幻之景！

小船划到中流砥柱，船员向前一指说："这在古代称为砥柱山，俗称门山，在建设大坝以前它正对黄河口，当水流以勇猛之势向它袭来，回流激荡，水势十分险恶。面对天险，当上游的船只驶过三门时，就要朝砥柱炫冲过去，眼看与砥柱相撞时，船主猛然回水，正好把船推向旁边，安全驶出航道，太危险了！"

我看到，巍巍挺拔的中流砥柱，以它那不朽之躯，迎风破浪，从古至今任凭浪涛冲打，它岿然不动，屹立中流。这时，我想到了"中流砥柱"，此成语就源于此，它正是中华民族不屈不挠的民族精神的象征！

◆ 中流砥柱

赵先生说："千百年来，无论是狂风暴雨的侵袭，还是惊涛骇浪的冲刷，中流砥柱一直力挽狂澜，巍然屹立于黄河之中，如怒狮雄踞，刚强无畏！"

三门峡的出名，也因历史上很多官员、名人的赞美。公元638年，唐太宗李世民来到这里，写下了"仰临砥柱，北望龙门，茫茫禹迹，浩浩长春"的诗句。著名书法家柳公权写了一首长诗，其中有"孤峰浮水面，一柱钉波心。顶住三门险，根连九曲深。柱天形突兀，逐浪素浮沉"。

在三门峡，有一块展牌，展牌上的"毛主席视察黄河"照片旁边写有毛主席一句话："你可以藐视一切，但不能藐视黄河，藐视黄河就是藐视我们这个民族！"

离开三门峡水库，赵英先生带我去国家 AAAA 景区函谷关参观。

路途中，赵先生介绍，三门峡设市后，引来各地的参观者。这里有浓厚的历史文化，其中仰韶文化、道家文化和虢国文化都发源于三门峡。同时还是华夏人文始祖黄帝的铸鼎地、老子《道德经》的著经地、佛教禅宗始祖菩提达摩的圆寂地。境内有全国重点文物保护单位 6 处，其中仰韶村文化遗址、庙底沟文化遗址、虢国上阳城、灵宝西坡遗址等都是

◆ 作者在函谷关了解它的历史文化

看点。

　　说话间，我们来到灵宝市函谷关镇王垛村。下车后我才知道，该关西据高原、东临绝涧，南接秦岭，北塞黄河，因其地处"两京古道"，紧靠黄河岸边，关在谷中，深险如函，故称函谷关。它是中国历史上建置最早的雄关要塞。

　　此地因古代处于洛阳至西安故道中间的崤山至潼关段多在涧谷之中，深险如函，古代又称函谷。战国时秦惠文王从魏国手中夺取崤函之地，在此设置函谷关。此关关城东西长 7.5 千米、古道仅容一车通行，素有"一夫当关、万夫莫开"之说。

　　我们先后去了太初宫、鸡鸣台、关楼、函关古道。

　　漫步于古道，听当地人说"紫气东来""鸡鸣狗盗""公孙白马""玄宗改元"等历史故事均出自这里。唐太宗、唐玄宗、司马迁、李白、杜甫、白居易、司马光等历史名人志士都来过这里。

紫气东来的来历，《史记》记载：春秋末期，柱下史老子李聃看到周室将衰，西渡隐居。

这时，赵先生讲了这样一件事。那是公元前491年，函谷关令尹喜，清早从家里出门，站在瞻紫楼，看见东方紫气腾腾，霞光万道，观天象奇景，欣喜若狂，大呼："紫气东来，必有异人通过。"忙令关吏清扫街道，恭候异人，果然见一老翁银发飘逸，气宇轩昂，并且倒骑青牛向关门走来。尹喜忙上前迎接，通报姓名后，诚邀老子在此小住。老子欣然从命，在此著写了彪炳千秋的洋洋五千言《道德经》。以后，函谷关一带的门楣或春联都刻写"紫气东来"。

古秦赵会盟台

说起老子，出生于公元前571年，字聃，号伯阳，又称老聃，是我国古代最伟大的哲学家和思想家之一，道家学派创始人，世界文化名人。他的著作《道德经》即《老子》一书，是世界文化宝库中的瑰宝。因《道德经》成于函谷关，函谷关名副其实成为道家文化的发祥地。

三门峡这一带景观太多了。本来行将结束，无意中赵先生说出了蔺相如在这一带活动的足迹，引起了我的极大兴趣，便决定去了解究竟。

蔺相如"渑池之会"的故事就发生在渑池。我们又驱车来到渑池，在蔺相如像前，赵先生讲了当年蔺相如来渑池的前前后后——

那是公元前279年，秦昭王派使到赵国，说与赵惠文王在渑池（今河南渑池西）相会。赵惠文王带蔺相如到渑池与秦昭王相会。秦昭王想凌辱对方来炫耀自己在外交上的胜利。站在赵惠文王身边的蔺相如看出秦昭王的用意，便采取以其人之道还治其人之身的策略，双方相持不让，直到酒席结束，秦昭王也没有压倒赵惠文王。在这场双方实力不等的面对面的外交斗争中，蔺相如以他的机警折服秦昭王，为赵惠文王在渑池之会中取得大胜。

在三门峡地域，我们还去了陕州曲村地坑院。地坑院蕴藏着丰富的

◆ 地坑院

◆ 仰韶遗址与两程故里

黄河文化，是全国乃至世界唯一的地下古民居建筑，被誉为"地平线下古村落，民居史上活化石"。地坑院营造技艺被列入国家级非物质文化遗产保护名录。同时还去了仰韶遗址、两程故里、虢国博物馆等。

三门峡，黄河独有的文化，悠久的历史，源远流长……

《人说山西好风光》歌曲曾传遍全国，而《西厢记》、大禹治水、《登鹳雀楼》等事发地均在山西。黄河山西段"L"形北自老牛湾入境，经偏关、碛口、乾坤湾、壶口、永济、风陵渡，流程965千米，占黄河全长的1/5，与陕西省、河南省组成华夏中原文明的核心。在晋全国政协委员联名建议推进黄河国家文化公园（山西段）建设。山西的黄河文化代表性强和资源密集，黄河文化、红色文化丰富，壶口瀑布、老牛湾是国家重点风景名胜区，其文物5万余处，旧石器时代遗址、地上木构古建筑、古代壁画和彩塑数量均居全国首位。

第三章

山西段：黄河『L』形流经的历史遗迹

芮城：大禹渡·风陵渡·西侯度

顺黄河西上，跨过黄河大桥进入山西地界，运城地区芮城县是山西段首站采风地。

在芮城县我首先参观了永乐宫——中国现存最大的一座元代道教建筑，是为纪念唐代道教著名人物吕洞宾而建。吕洞宾生于公元 798 年，字洞宾，号纯阳子，世称吕祖。唐河中府永乐县（今芮城）人氏。宫内建有重阳之殿、纯阳之殿。

芮城县黄河河道里程 80 千米，有西侯度、风陵渡、原村渡、礼教渡、大禹渡、沙窝渡、永乐渡、许家坡渡、马崖渡、太安渡等渡口。

芮城县黄河渡口之多，实属少见，但现已大多废弃。

◆ 古老的"大禹渡"遗址仍保持着原样

◆ 重阳之殿前的人们谁都不敢进重阳之殿怕的是"重阳"

大禹渡

我进入芮城地界，首先去城东南 12 千米神柏峪附近黄河岸边的大禹渡口。

途中，鲜艳的油菜花把黄河装饰一新，春意盎然……

我站在黄河大堤，只见黄河一泻千里，奔流而下，再一次展现出它的雄健。此时，我又想到了李白的诗句：

◆ 大禹神柏

大禹理百川，儿啼不窥家。

杀湍湮洪水，九州始蚕麻。

大禹渡，素有"黄河明珠"之美誉。在万里黄河两岸边，唯一以大禹冠名的千年古渡仅此一处，这里流传着大禹治水的许多动人故事。

《芮城县志》载"禹导河，息于此，后人思其明德，建庙于峪上，遂名彼渡为大禹渡，以显圣迹，永不忘也"。

我在大禹渡，看到大禹亲植的神柏树。神柏树下有大清道光四年的石碑，刻有"神柏峪重建禹王庙碑记"。

在柏树前，我询问陪我采风的广电局同事："这棵柏树大禹所栽？"

答："有碑文记载：公元前2100年，大禹受命率众治水，在这栽下一棵柏树做地标，组织治水人们在这里集结，由此乘船上凿龙门，下开三门，连续治水十三年，三过家门而不入，后人把乘船出发地称大禹渡，大禹所栽柏树称为神柏。"

◆ 大禹雕像前话大禹治水

　　此处的大禹石雕像是黄河流域最大的石雕像，还有定河神母雕塑和巨石书碑等景观。

　　广电局同事介绍："山西省非常重视大禹渡的开发，早在 1986 年就开辟了国内首条黄河游黄金线路。近年来，县政府大力开发大禹渡景观，打造黄河根祖文化，并以大禹文化为灵魂、黄河文化为龙头、佛教文化为底蕴，对景区进行全方位规划，让优美的黄河自然风光与底蕴丰厚的大禹文化、佛教文化交相辉映，融为一体，吸引更多的人来此欣赏。"

　　我在大禹渡，还参观了扬水工程，这是国家级大型电灌站，总扬程高达 326.8 米，灌溉面积达 32 万亩。此工程以三大站著称：一级站采用移动式泵车抽水；二级站为两厢四万立方米的沉沙池；三级站扬高 193.2 米，开辟了当时水利之先河。

风陵渡

　　从大禹渡驱车沿黄河西行……

　　一个多小时，我看到黄河在此由东到西，继而从南折北而去。在这个九十度的拐弯处，就是著名的风陵渡，被誉为"黄河第一渡口"。

　　风陵渡口初相遇，一见杨过误终身。

　　只恨我生君已老，断肠崖前忆故人。

◆ 黄河景区工作人员向作者讲述"风陵渡"的传说故事

◆ 在风陵渡纪念碑前听取芮城黄河三渡即风陵渡、大禹渡、西侯度的历史

　　这首诗出自金庸的小说《神雕侠侣》。

　　为此，风陵渡名声大噪！

　　为什么起"风陵"这个名字？我询问了一位船公，他说："很早以前，黄帝贤相风后战败蚩尤，风后去世，黄帝把他埋在这个地方，起名风陵。所以这个渡口称风陵渡，同时这里的地名也取名风陵镇。"

　　传说4600年前，炎帝王朝衰败，从中分裂出黄帝部与蚩尤部，三者彼此攻伐，形成三国鼎立。其中，炎帝实力最差，被黄帝与蚩尤击败，但黄帝击败炎帝之后又与其结盟，以炎黄联盟最终击败蚩尤。根据史书记载，黄帝与蚩尤是两个不同的部落，黄帝部文明仁义，蚩尤部野蛮凶残。

然而，清华简却披露：蚩尤是黄帝之子！

那是 2008 年，清华大学接收一批战国竹简，总数近 2500 枚。竹简关于"黄帝战蚩尤"的事迹，颠覆历史《五纪》一文说道："黄帝有子曰蚩尤，蚩尤既长成人，乃作为五兵。"

黄帝与蚩尤是否是父子关系有待更多史料证实。

◆ 坐落于黄河大拐弯处的石碑

风陵渡，还有很多故事，如《神雕侠侣》中的郭襄与杨过"初相遇""误终身"，也在这个地方，这里有杨过、郭襄的雕像，也使风陵渡扬名。

风陵渡位于"鸡鸣三省"之地，连接晋、陕、豫三省。

自北而下的黄河水流因受华山阻挡，折向东流，风陵渡正处于黄河东转的拐角，历史上当地以摆船渡河。

我在风陵渡，又去了黄河大桥。1500 米长的黄河大桥，早已取代了风陵渡口。昔日的渡口，已变成旅游景点。

风陵渡附近，有 180 万年前的西侯度古人类文化遗址，60 万年前的匼河古文化遗址和 2600 多年前的羁马城遗址，并有黄帝名相风后陵、唐国公李靖墓、女娲补天凤凰岭遗迹、七女坟、黄河古渡等人文古迹。特别是西侯度古人类遗址，很值得一看。

西侯度

我从风陵渡北上，来到西侯度渡口。因西侯度渡口处在芮城县的西侯度村，为此当地人称西侯度。西侯度遗址高出黄河河面 170 米，是中国早期猿人阶段文化遗存的典型，为中国境内最古老的一处旧石器时代遗址，是中国最早的人类用火之地，也是世界上人类用火最早的遗址之一，现已被定为全国重点文物保护单位。

在遗址现场，管理人员说："西侯度遗址进行了两次发掘，出土了一批人类遗物和脊椎动物化石，尤其是出土的烧骨材料，把人类用火的历史推到距今一百多万年前。世界上其他国家还没有发现如此古老的烧骨。"

"2019 第二届全国青年运动会西侯度圣火采集点"获景观类别大奖。

我问管理人员："这个遗址有什么价值？"

◆ 全国重点文物保护单位"西侯度遗址"

◆ 在西侯度遗址进口处了解出土文物的价值

　　管理人员说："西侯度遗址的同位素年龄距今约 243 万年，为最早人类的脚踏地提供了新证据。这是它的价值所在。为此，吸引很多国内外考古学家的重视并前来考察。"

　　西侯度，一个重要的有历史印记的老渡口！

　　是夜，在县广电局就餐。望着窗外古城灯光，局里的同事说："芮城古城 1600 年历史，是中华民族和中华文明的发祥地之一，是黄河文明的重要源头和'古中国'的核心地。一百万年前就有先民活动，《诗经·伐檀》采撷于此。芮城史称'古魏'，现拥有全国文物保护单位 12 处，其中元代永乐宫壁画是中国绘画史上的重要杰作，被誉为东方艺术画廊。"

　　芮城，一个个神秘的渡口！

　　芮城，大禹治水的落脚点！

永济：《西厢记》与杨贵妃·鹳雀楼·五老峰

汽车北上，左边是汹涌的黄河水，右侧为巍巍的五老峰，直插云霄。沿黄河逆行，迎风破雾，到达永济市。

永济，是《西厢记》故事发生地，又是"白日依山尽"诗句的产生地，还是名山五老峰的所在地。

《西厢记》与杨贵妃

到永济，我第一个要去的是普救寺。

过蒲州镇后，西厢村出现，村街上就有很多宣传《西厢记》的标识。当走进普救寺，最先闯入眼帘的是"西厢记"三个大字，《西厢记》的故事就发生在这个寺庙。

普救寺始建于唐武则天时期，原名西永清院，是一座佛教禅院。但此寺却因《西厢记》而名扬天下。

普救寺前广场最明显的标识是同心锁，上面刻着"愿有情人终成眷属"八个大字，我看到很多年轻伴侣在此双双合影留念。

我沿指示牌行走路线过大钟楼、莺莺塔、击蛙石、梨花深院参观。以中国红的色调装饰的新郎新娘洞房非常醒目，让人一下子想到《西厢记》中的名句："碧云天，黄花地，西风紧，北雁南飞，晓来谁染霜林醉，总是离人泪……"

《西厢记》又名《崔莺莺待月西厢记》，描述了张生和崔莺莺的恋

爱故事。

　　陪伴我采访的向导介绍："当年，张生赴京赶考，途中遇雨，到普救寺游玩。碰巧，在寺内看见了扶送父亲灵柩回乡时滞留在寺内的崔莺莺，两人一见钟情。寺里有张生当年的读书处，莺莺和她母亲、侍女红娘居住地，张生越墙会莺莺的跳墙处，也有张生上墙踩踏过的杏树。"

◆ 普救寺

我详看细瞧，《西厢记》故事密切关联的建筑很多。我们去了张生借宿的西轩、崔莺莺一家寄居的梨花深院、白马解围之后张生移居的书斋院等。那寺后的园林花园芳草萋萋，荷花池塘上横架的曲径鹊桥立体感很强，莺莺的拜月台幽静单纯，这些都值得一看。尤为突出的是屹立在寺中的莺莺塔，回音效应非常强。我在塔侧以石叩击，塔上立刻发出清脆悦耳的蛤蟆叫声。

在永济，除了普救寺，还有杨贵妃故里。我们去城西南端21千米的韩阳镇独头村，是"鸡叫一声听三省"之地。

村头，立有一个石碑，上面写有杨贵妃故里简介：《蒲州府志》（卷之三）载："在雷首山下独头坡，唐贵妃杨氏，本弘农人，其父玄琰家在蒲州之独头村，贵妃生其间，及入宫后，因号其村为贵妃村。今独头坡，正唐时村地。"

按照指示牌，我们走进门楼、杨宅院、杨贵妃纪念馆、祖先堂、西花园、贵妃池，看到很多有关杨贵妃展品。杨贵妃是中国古代四大美女之一，另三位分别是貂蝉、王昭君和西施。

鹳雀楼

接着，我们驱车来到黄河边的鹳雀楼。

我们一边上楼，一边听向导介绍："鹳雀楼始建于北周（557—581年），初建时因其视野开阔，登上楼顶则有凌空而小天下之感，故名云栖楼。后因黄河流域有一种嘴尖腿长，毛灰白色，似"鹳雀"的鸟经常成群栖息于高楼上，后称改鹳雀楼。"

我们登到顶层，前瞻巍巍华山峰，下瞰滔滔黄河水。骤降，心情开朗，非常惬意，大有诗意！

在楼上，看到唐人留诗者甚多，唐代诗人王之涣的千古绝唱《登鹳雀楼》就诞生于此。

这时，向导面对黄河大声朗诵：

"白日依山尽，黄河入海流。

欲穷千里目，更上一层楼。"

在碑文上，我还看到唐代的畅当在登鹳雀楼时诗云："迥临飞鸟上，高出世尘间。

◆ 唐代诗人王之涣塑像

◆ 鹳雀楼

天势围平野，河流入断山。"

鹳雀楼为高台式十字歇山顶楼阁，外观三层四檐，内部九层，整座楼阁分为台基和楼身两部分，总高度达73.9米，是中国古代四大名楼中最高的一座。整体建筑体现了唐代风韵和"欲穷千里目，更上一层楼"的意境。

正要离开此地，但见一对情侣在楼前对王之涣的诗，引很多人围观——

男：黄河远上白云间，

女：一片孤城万仞山。

男：羌笛何须怨杨柳，

女：春风不度玉门关。

原来，这对情侣是北京人，两人从普救寺走来，以"诗在远方"订婚。

五老峰

离开黄河，我去往永济市东南16千米的五老峰，处在晋、秦、豫三省交会之黄河金三角。

来到五老峰，门口的一个标牌介绍得很翔实。五老峰是国家级风景名胜区。因五峰相倚，形同五位老人而得名。主峰玉柱峰海拔1702.6米。历史上为北方道教名山，以半山的五老殿为景区中心。在《周易》成书之前，五老峰是河洛文化早期的传播地和北方道教全真派的发祥地之一。

我们开始登山，途中有很多石碑，记载了历史上名人的评价。我看到有北魏郦道元《水经注》"奇峰霞举，孤标峰出，罩络群泉之表，翠柏荫峰，清泉灌顶"的描写。有北宋魏野《送陈越之河中宁亲》"三台筵上飞觞送，五老峰前负米归"的记述。还有元代初年的嘉善大夫、诗人王恽在其所作《五老歌》中写道的"晓披五老峰上云，晚钓五姓湖中鲤"刻字。

◆ 五老峰（许民 摄）

经过艰辛的攀登，终于登上五老峰顶。这里是一块坦地，有庵观、寺院、庙宫、碑褐。在山顶，我一一看了南天门、灵宫庙、菩萨殿、秀士殿、千子堂、祖师庙。

山上一处碑文上刻"条山秀甲三晋，五老峰甲条山"，极有对称味道。

五老峰的喀斯特地质，凸显了雄、险、奇、秀、仙的地貌。

永济，一个小小的县级市，因杨贵妃、《西厢记》、王之涣、五老峰，吸引不少人的目光。

壶口瀑布：感受"千里黄河一壶收"

黄河奔腾……

激流勇进……

沿祖国母亲河黄河支流汾河一直北上，向着壶口瀑布进发……

当过河津时，又顺黄河支流汾河专程行至襄汾陶寺村参观陶寺遗址。

在陶寺村南，讲解员介绍，从 1978 年开始，经过 43 年的考古发掘，初步揭示出陶寺遗址是中国史前"都城要素最完备"的城址。

陶寺遗址年代距今 4300 年，面积达 280 万余平方米。城址内东北部是面积近 13 万平方米的宫城和宫殿群所在的核心区。宫城西南为下层贵

◆ 陶寺遗址观象台

族居住区和仓储区。城址南部是陶寺文化早期墓地所在，一个小城作为特殊的宗教祭祀区，发现有"观象台"遗迹和中期墓地。城址西南部为手工作坊区，西北部为居住区。

陶寺遗址发现了迄今世界最早的观象台遗址。遗址出土了龙盘、文字扁壶、鼍鼓、石磬、玉兽面以及中国最早的"铜器群"等许多文物"重器"。这些重要发现表明陶寺文化时期早期国家已经出现，是中国夏、商、周三代辉煌文明的主要源头。因此，陶寺是中华早期文明的典型代表遗址，是实证中华5000多年文明的重要支点。

参观之后，又上路了。

汽车在奔跑……

行车一个多小时，进入吉县境内。

突然，一座朴素二龙戏珠石牌坊闯入眼帘，顶上面写着"壶口"二字，左边写"母亲河"，右边写"民族魂"。显然，目的地就在前面。

10分钟车程，壶口瀑布到了！

站在了壶口瀑布——

◆ "壶口 母亲河 民族魂"石牌

◆ 奔腾口壶口瀑布旁人山人海　　◆ 壶口瀑布地方色彩浓郁的表演——走娘家（单士勇 摄）

看吧：那奔涌向前的水流，那腾飞四起的浪花，那层层翻卷的漩涡，气势宏伟，汹涌澎湃，浊浪排空！

听吧：那如雷贯耳的涛声，那上下冲击的水声，那惊天动地的波澜，气吞山河，震天撼地！

闻吧：那升腾的水气，那飘动的雾气，那袭来的凉气，如痴如醉！

透过水光，我仿佛看到了"黄河之水天上来"！

隔过水流，我仿佛听到了"黄河水流入大海"！

这，就是壶口瀑布！

这，就是瀑布壶口！

黄河的咆哮，令人热血沸腾、心潮澎湃、心怀激荡。

形容吧：汹涌澎湃、万马奔腾、飞流直下、冲天云雾、雾里看花、浪花飞舞、涛声生烟、光彩映射……

拥抱吧！祖国的母亲河！

赞美吧！中华儿女的母亲河！

滚滚而下的黄河，当进入内蒙古托克托县河口镇，被吕梁山脉阻挡，转身南下进入晋陕峡谷。此刻，300多米宽的浩瀚水面流向龙王山时，河床骤然收敛成48米，落入50米深的石槽中，形成一个巨大的瀑布，形似茶壶倾泻，故名"壶口"。古籍记载"盖河旋涡，如一壶然"。

黄河壶口瀑布处在山西临汾吉县壶口镇和陕西延安宜川县壶口镇之间，为两省共有的"千里黄河一壶收"的万千景象。

围绕黄河壶口瀑布，我去水底冒烟、旱地行船，霓虹戏水、山飞海立、晴空洒雨、旱天惊雷、冰峰倒挂、十里龙槽这八大景区。而印象最深的是十里龙槽。

十里龙槽为壶口至孟门5千米这一节，这段四百米宽的箱形峡谷底部，黄河水流形成一条40米宽，15米的深槽，即是十里龙槽，镶嵌在山谷底层岩河床中。当我看到河床中一线急腾翻卷的水流，听到轰鸣不息的奔腾涛声，那槽中激流就像一锅滚动升腾的雾气朦朦胧胧。那弯弯曲曲的峡中龙槽，活像一条摇头摆尾的巨龙，那壶口是龙头，而孟门就

◆ 壶口瀑布及十里龙槽峡谷

是龙尾了……

在峡谷旁，我与当地一位老农搭讪——

问："老大爷，您是哪个村的？"

答："壶口那边的衣锦村。"

问："噢！衣锦还乡！这名字不错啊！"

答："那是啊！我们村是大禹娶妻的地方。"

问："是吗？"

答："是！可是大禹没有衣锦还乡！"

问："为什么？"

答："大禹治水为打通壶口，劈孟门、凿龙门，哪顾得回家！"

老人紧接着说："三过家门而不入！你知道吗？"

问："真的？"

答："第一次过家门，听到他的妻子生婴儿的哭声。第二次从家门过时儿子向他招着手。第三次走到家门口，看到儿子已长到10多岁。"

这个老人已经80多岁，很幽默，他还讲了黄河水位下降和河水干枯的情况。

返程了！回味壶口瀑布，流连忘返……

抗日战争时期，艺术家光未然来到壶口，写下驰名中外的《黄河大合唱》歌词。当想到黄河翻浪的水鸣，耳旁好似响起当年的战歌：

风在吼！马在叫！

黄河在咆哮！黄河在咆哮！

……

歌声，仿佛在黄河飘荡……

唱词，仿佛在壶口飞扬……

碛口：过平遥古城去"九曲黄河第一镇"

日夜兼程……

马不停蹄……

离开吉县壶口北上，沿黄河东岸行进……

途中，我又绕行平遥古城。

平遥，黄河支流汾河穿过。远在新石器时期就有人类在此生息，平遥古城是中国现存较为完整的四座古城之一，为中国古代城池的活样本。

平遥旧称"古陶"，距今已有 2700 多年的历史，古城面积 2.25 平方千米。作为中国境内保存最完整的古代县城，被评为国家历史文化名城、世界文化遗产。

在平遥古城，我首先去西大街。这里过去是"中国的金融中心"和"晋商"的发源地，而古城西大街被称为"大

◆ 平遥古城

清金融第一街"。

平遥古城墙、镇国寺和双林寺号称"平遥三宝"。

我参观了平遥古城墙，这是中国现存规模较大、历史较早、保存较完整的古城墙之一。而在双林寺前，有一种沧桑感，此地被称为"中国彩塑艺术宝库"。在镇国寺万佛大殿，更是怀旧，这是中国现存最早最珍贵的木构建筑之一。

信步于平遥古城，我又去了以"汇通天下"闻名于世的中国第一座票号"日昇昌"，其被誉为"中国现代银行的鼻祖"。

接着前往平遥县衙、文庙、城隍庙、清虚观等地一一观光。

离开平遥古城，返向黄河东岸，继续北行。

汽车在急驶……

当进入柳林地域后，北行即是碛口镇。

到达碛口镇，我首先去大同碛。在此，看到黄河水面变窄，而且激流勇进，好像又是一个"壶口瀑布"。

脚下的大同碛，处在吴堡县拐上村，为天下黄河第二碛，又称二碛，仅次于壶口瀑布。

"碛"这个字很奇妙，我在百度上查了一下。碛：为水里的沙石，

◆ 夜幕中的碛口古镇

水中的沙堆。在汉语词典里解释为沙石积成的浅滩。因此，在黄河河道中起起伏伏而形成一段一段的积流，这种积流就是"碛"。

在现场，一位村民介绍："黄河从秦晋大峡谷流入大同碛，河面急剧收缩到一百米，河水涌向落差十米的河道，水流变得湍急。

吴堡的大同碛同时具有壶口瀑布不具有的优点，可以漂流。

大同碛峡谷里两边有崖壁天然雕廊画。"

赏完大同碛后又回到碛口镇。

站在黄河边上的碛口镇，第一印象是它的古老，不愧是中国历史文化名镇。

看吧！眼前亮丽的黄河流水，河边错落有致的古建筑，远去的绵

◆ 黄河水流到达碛口一带被河道中的沙石阻挡

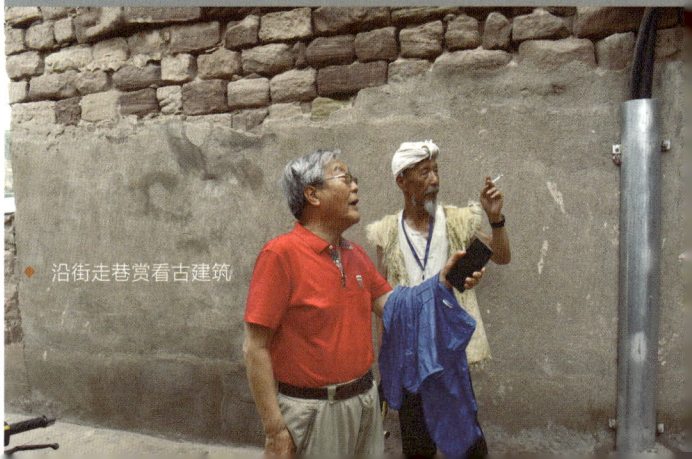

◆ 沿街走巷赏看古建筑

碛口掠影

绵群山，大有"风景这边独好"之感！

碛口古镇位于吕梁市临县城西南 48 千米处。信步于古街，看到保留有大量完好的货栈、票号、当铺、庙宇、民居、码头等明清建筑，堪称清代山区传统建筑典范。

碛口古镇是东西文化的枢纽，有"九曲黄河第一镇"之称。碛口的出名与大同碛的惊险有关，大同碛号称"黄河第二碛"，是一段半千米长的暗礁，落差 15 米多，限制了船的通过。

而黄河河床在碛口也由 400 米猛缩为 80 米，几乎没有人敢在碛中行船，船公只有"望碛兴叹"！

为此，船不得不停在碛口，中转他处。当年，上游大批物资由河运而来，到碛口转陆路由骡马、骆驼运到太原至中国东部地区，回程时再把当地

当地住户向作者讲述experience

参观吴冠中曾经住过院落的人络绎不绝

吴冠中住居

的物资经碛口转运到西北。鼎盛时期的碛口每天有上百只船来往，碛口便有"九曲黄河第一镇"的美誉！

碛口，很古老。在古镇老街，我走进李家村著名画家吴冠中住居，与房主聊起来——

问："这是你家的老房子？"

答："上百年啦！"

问："祖籍呢？"

答："山西洪洞县。"

问："什么时候迁移来的？"

答："爷爷的爷爷……至少 200 多年了！"

问："主要是做什么生意？"

答："开店、住宿、卖货。南来北往的，过路人很多很多，特别是旺季。"

问："一年收入多少，还有其他景点吗？"

答："没准！现在疫情严重，人少多了！平时，十万八万的。"

这里还有水旱码头、卧虎龙庙、麒麟沙滩、黄河土林、红枣园林。

李家山村，这里尽管是个古村落，但是过去并没有名气。

村子只有东、西两家财主小有名气。但地貌特殊，典型的黄土地貌、层层叠叠的窑洞，再加上黄河流经此地。

1989 年，著名画家吴冠中到李家山作画，画出了李家山原始的美。

绣楼摆放的陈家小姐昔日穿戴

一幅画，震惊了世人，使得李家山一举成名。

最后到达"西湾古村落"，这里最有看点的是陈家大院。它与巨商府第"乔家大院"、世代京官建的"王家大院"截然不同，它是碛口陈氏商人的"陈家大院"，是商人家里的房子。西湾村处在40度的半山斜坡上，村里有五条主街，分别以"金、木、水、火、土"命名。

陈家大院即陈三锡的院子是这个村中最具特色的院子。简陋的大门，精巧的二门等，整座院落东西总宽30余米、南北60余米。一层院是伙计们的住处，二层院内正房为长辈住的地方，两边厢房为卷棚式，是小辈人的住处。二层院正房窑上有一座木结构的砖瓦房，叫议事厅，厅外有矮墙，视野十分开阔。三层院是望月楼，两面坡式，是长辈望月、品茶、休闲和贵客住宿的地方，后来被用来招待客人。从二层到三层的台阶分为三部分"3、6、9"意喻"遍地走"。四层是绣楼，西房是陈家小姐居住的地方，东房是丫鬟的房子。

西湾陈三锡家族始祖陈先谟，明朝末期从方山县迁移碛口经商。从无到有，从小到大，到清初第四代陈三锡是碛口最有名的商界人物。

碛口，不愧是名镇！

西湾，不失为古村！

保德：黄河天桥水电·钓鱼台·兴保塔

从碛口出发，汽车顺黄河东岸北上，向着保德县进发。

保德县处在黄河以东、黄土高原边缘，西临黄河与陕西府谷隔河相望，北与河曲接壤，位于晋陕蒙三省交会之地，素有"晋西门户、秦晋要冲"之称。据《保德州志》载：保德，城濒黄河，扼山陕往还要冲。

汽车在飞驰……

窗外，山梁起伏、沟壑纵横、植被稀少、岩石裸露，这是典型的黄土高原。

司机兼向导罗春燕是保德县人，他对保德的历史地理乃至一草一木

横跨黄河的行人步道

都非常清楚和熟悉。

途中，罗先生送我一把小枣吃，他说："保德红枣最为著名，已有1000多年栽培史，品质享誉全国，曾受康熙皇帝御封。"

当我问到保德的历史时，罗先生说，早在新石器时代，保德地域就有人类活动。宋淳化四年（993年），置定羌军，建城设官，景德四年（1007年）改为保德州，名取意于《左传》"民保于城，城保于德"，有1000多年建县历史。

一小时车程，到达保德县城，这里背靠飞龙山，面临黄河水，山山水水，风景这边独好。

当问到保德的看点时，罗先生介绍："保德县有林遮峪新石器遗址、春秋战国古文化遗址、宋代牙前塔金峰寺、明代祖师庙、清代关帝庙、清代陈烈女祠、清代白家庄金锁桥，还有国家级古脊椎动物三趾马化石、大唇犀化石，而保德铜贝更是人类金属铸币之鼻祖。"

我问："最值得一看的您认为是什么？"

罗先生："钓鱼台、龙山文化遗迹兴保塔。"

我问："看黄河，最值得一去的是什么地方？"

罗先生："黄河天桥水电站。"

◆ 水电站全貌

我马上回应，去黄河天桥水电站。

驱车 10 分钟，来到黄河边的义门镇义门村。

奔流的黄河，翻滚的黄河，展现在眼前。面对祖国的母亲河，哪能不心动呢？我每每站在母亲河边，总是会激情满怀，思绪万千……

信步于黄河岸边，眼帘中呈现出宏伟的"黄河天桥水电站"，只见电站的拦河大坝，把黄河水头截流，水从大坝奔腾而下，一泻而出，势不可挡！

罗先生介绍："我们站的这个地方，处在黄河大北干流上游，北距偏关县万家寨水电站 95 千米，南距黄河左岸保德县县城 8 千米，右岸为

◆ 探访水电站背面泄洪道

◆ 钓鱼台

陕西省府谷县县城。就黄河水电站系列而言，天桥水电站处在内蒙古河口镇下游，是黄河中游北干流上第一座低水头、大流量、河床式径流试验性水电站。电站以发电为主，兼有排洪、排沙、排污等综合效益，在山西电网中承担着重要的调峰、调频作用。"

听罗先生介绍之后，我们向水电站走去。水电站大门一侧挂有两个牌子，一个是"亚能控股集团"，另一个为"山西天桥水电有限公司"。

走进大门后，电站工作人员向我们介绍："黄河天桥水电站于1970年正式开工兴建，1977年2月13日第一台机组投产发电，1978年8月全部机组并网发电。电站装有4台轴流转桨式水轮发电机组，装机总容量为12.8万千瓦，年发电量为6.07亿度。"

从天桥水电站出来，我们沿黄河岸边前行，向着钓鱼台方向。沿途边行走边采访边拍照，当行至杨家湾镇故城村西，钓鱼台出现在目光中。

　　只见钓鱼台面临黄河，背靠石崖，蔚为壮观。钓鱼台凿于峭壁，构体悬空。

　　罗先生介绍，钓鱼台主要有陈奇瑜总督的书房和大型佛教活动区佛祖阁、潮音阁、藏经洞、古韵轩、吕祖祠等，此外还有古水井、古渡口和嵌有"天险雄辟"的古关门，大有"一夫当关、万夫莫开"之险。

　　我们跨步而上，迎面门额镌有"天险雄辟"四字，门上石洞为吕仙祠。

◆ 沿黄公路旁的蒙汉天书

下洞有六七间房屋，过门是一处院落，门上题名"钓鱼台"，顶石砌女儿垛口墙。

我们拾级而上，过断桥，走小洞，与桥相对者为第二关。入关后仰视，攀石入洞，有阁楼，有古井，有房子，有石窟。不过，很多建筑现已倒坍失修。

保德县钓鱼台是全国十大钓鱼台之一，是黄河上唯一叫钓鱼台的旅游景点，被誉为"黄河第一钓鱼台"。遗址上的碑文显示："清顺治二年，为陈奇瑜构筑，三年乃成。"

钓鱼台上还有悬崖石窟区，总长 3000 米。石窟前有水域玉玹湖，有黄河中游现存的唯一黄河古纤夫栈道，山顶还有春秋古城遗址"林涛寨"、晋西北名刹关帝庙和魁星阁。此外，还有红色遗迹，许光达大将、彭绍辉司令员曾在这里多次指挥战斗，抗日战争时期八路军曾在此处多次和盘踞在陕西的日本侵略军进行了殊死的斗争，并取得了胜利。

离开钓鱼台，我们前往兴保塔，处在保德县东关镇康家滩村与佘家梁村交界处的飞龙山之上。

到达兴保塔时，我们沿"之"字行步道拾级而上，880 级阶梯建在悬崖峭壁之上，我们一步步攀登，最后终于到达极顶，来到了塔前。

罗先生介绍，兴保塔高 59.09 米，斗拱、飞檐为仿古木结构，塔顶青铜镀钛合金，塔内九层螺旋式楼梯贯通。

在保德县期间，我还有幸去了保德县只一河之隔即黄河对岸的陕西省府谷县。在府谷县域，我踏访了黄河沿岸的府州城、文庙、千佛洞、七星庙、五虎山等。

河曲：西口古渡·娘娘滩·明长城·文笔塔

从保德北上，进入河曲。

河曲县，这是一个鸡鸣三省的地方，北为内蒙古，西为陕西，处在三省交界。黄河在这里拐了好几个弯，为此叫"河曲县"。

据《读史方舆纪要》记载：县城西濒黄河，恰当河之弯曲处，因名河曲。取"河千里一曲"之义名县。

西口古渡

西口古渡处在黄河东岸，沿岸巨石垒砌，顺河而下上百米长。其彼岸

◆ 西口古渡

◆ 禹王庙

是内蒙古准格尔旗大口渡，左是陕西省府谷县之大汕渡，为出河套之进口。

我来到渡口，先去禹王庙。

庙前碑文介绍，初禹王庙（俗称河神庙），始建于清乾隆十六年（1751年）。位于西口古渡之中段，坐东面河。主体建筑正殿及抱厅，附属建筑戏台，其结构形制相仿，斗拱为五铺作双下昂。

据道光十三年（1833年）禹王庙重修碑记云："河邑自建其庙宇，斯土居民饮撰久蒙其泽，黄河之水自东北而下，狂澜之发而无泛滥之忧，成胜境矣。"

七月十五日为古庙会日，当晚夜幕中会首棹船于河中，人们通过放河灯来表达对远去亲人的思念和祝福。同时，期盼风调雨顺，行河平安。由此，"河曲河灯会"逐渐演变成为重大民间活动，延续至今，成为黄河上特有的国家级非物质文化遗产。古会期间，禹王庙张灯结彩，香客成千上万，盛况空前。蒙陕毗邻边民一衣带水摆渡而来。山门外戏楼锣鼓喧天声遏三省。凭栏临风，右挹塞外鄂尔多斯大漠之风，左盼陕北大汕之古渡，迢迢千里丝绸路，不禁发思古之幽情，缅想汉桓帝时之君子津。"江山依旧在，几度夕阳红"。惟栏外白云悠悠，黄水滔滔，逐鹿台巍然在望。

西口古渡历史悠久，据旧县志载："汉桓帝时有大贾资金行至此死，津长埋之。宋庆历年间曾设榷场，直接与契丹、辽、夏进行通商贸易活动。清圣祖康熙特允鄂尔多斯之请，以故河保营得与蒙古交易，又准河民垦蒙古地。其时水旱码头，丝绸之路，万家烟火。"

改革开放后，山西、内蒙古、陕西交通发展很快，昔日丝绸之路重放异彩。

娘娘滩

我们驱车东北行到达楼子营镇。

站在黄河边，眺望娘娘滩。河边的船公介绍，娘娘滩位于河曲县城东北 7.5 千米的黄道中，面积 20 公顷，河岛树木掩映，清幽秀美，风光秀丽。娘娘滩曾有古代筒瓦出土，长约尺余，直径 18 厘来，厚 2 厘米，

◆ 远眺娘娘滩

◆ 近看娘娘滩

"万岁富贵"汉隶四字雕琢其上，清晰可辨，是为汉代皇家遗物。

在河边立有一木牌，介绍：明正统元年，娘娘滩原庙倾斜，因河水汹涌不便修复，遂将庙从此改建岸边。包含正殿三大楹，左右配殿各三楹，宫门一座，还有钟楼、鼓厅、厨房、祭田、峥嵘殿角，栩栩塑绘，俨然一宫殿。清代康熙、乾隆、咸丰年间曾三次修葺，同治九年火灾毁正殿，后又修复，"文革"期间再毁。

2001年，河曲县委、县政府筹资50万元，在娘娘滩原庙遗址上新建大殿三楹，东西耳殿、台榭山门各一间，塑像绘壁，雕梁画栋，檐牙高矗，气象恢宏，滩上道路码头配套完善。

2018年，在中国黄河旅游大会上被评为"中国黄河50景"之一。

之后，我们乘船去黄河河心岛，走进岛上的河湾村，这个岛是著名的娘娘滩。

娘娘滩是黄河中唯一有人居住的小岛，故有"天下黄河第一滩"之称。

眼前的娘娘滩东西长不到1千米，南北宽500米，面积仅0.16平方千米。岛上住着三十一户人家，房前屋后种满桃树，每年三月一日岛上过"桃花节"。

在岛上，我访问了一位老人，他介绍了岛的来龙去脉。

他说："两千年前，也就是公元前192年，几位武士护着一位身

◆ 河曲明长城

◆ 在罗圈堡村看长城烽火台

孕女子逃出皇宫，来到岛上躲避。孩子降生12年后，这位少年返回皇宫，坐了龙廷，他就是汉文帝刘恒。刘恒登基三年后，将母接回皇宫，娘娘滩因此而得名。"

走在娘娘滩，我见到一处圣母祠，传说为薄太后所建，瓦片上还有"万岁富贵"字样，祠内还有塑像和关于圣母生活的壁画。

明长城

河曲县的明长城是由偏关县延伸过来的。

河曲长城位于黄河东岸的山岭地带，长城与黄河在这里相互交叉，绵延数百里。

这一天下着大雨，陪同踏访的是志杰先生。半个小时车程我们来到了罗圈堡村。在村庄外的玉米地旁的高岗上，我们看到了明长城的烽火台。但是，由于雨下得太大了，没有办法靠近，只能远距离拍照。在此，志杰先生向我介绍了罗圈堡村的长城情况。

接着，我们继续前行。10分钟车程，在公路边又一次看到明长城。但是，这段长城封了，不让攀登，我们只能抬头眺望。

车又启动了，我们又赶到长城与黄河并列的地带。这里是河湾村，建有"长城、黄河观景台"。

当登上高高的观景台，长城、黄河一目了然！

河曲境内明长城55千米，位于黄河岸边的山顶和河谷地带。长城与黄河在这里同框出现。据《明史·志第六十七·兵三》记载，河曲长城主要是在明成化年间修筑的。

石城至石梯隘口这段长城很有看点，处在黄河沿岸，成为黄河的边墙，多有黄河悬崖天险屏障，沿岸设烽火台，是山西黄河边上的重要文化景观之一。

文笔塔

从河曲县城东行五里到达大东梁村，这里竖着一座文笔塔，是河曲县的地标。

◆ 文笔塔

文笔塔建于乾隆五十九年，又称"状元笔"。当地人说，造此塔的用意在于"振东山之势"，以裨河曲风水。

文笔塔高 31 米，形似状元郎的如椽巨笔，高耸入云。日出黄河，文笔塔长长的倒影，穿越黄河，可以直达黄河对面的内蒙古的大口村。巧的是村口有一块巨石，恰似一个大砚台。所以每当日升时，山西状元郎的椽笔巨影，就像饱蘸了蒙古巨砚中的精气，开始书写黄河的又一页精彩篇章。

过去这里民谣说："河曲保德州，十年九不收，男人走口外，女人捡苦菜。"说的是这里穷。

讲解员介绍说："县吏乡绅请来了先生，走到日落黄昏时，踏上了黄河堤坝。突然发现对面一条黑龙虎视眈眈，正在吸吮河曲的精气。对岸的内蒙古大口村，位于一条形似黑龙的长沟沟口，状如黑龙血盆大口。河曲怎么能变富，于是县吏乡绅决定在城头建文笔塔。"河曲城在乾隆年建立了文笔塔后，竟成了南来北往的晋商必经的水陆码头。驼帮满载着中亚、新疆、内蒙古的毛皮由此赴中原；马帮满载着南方的丝绸、茶叶，由此赴西北。小小的河曲县城，经常是客商云集、货栈爆满。

河曲：西口古渡"古"，娘娘滩"神"，明长城"长"，文笔塔"美"。

偏关：万家寨·老牛湾·明长城

顶着朝霞，迎着东风，一路风光！

出河曲顺黄河东北行，向偏关县进发。

偏关县紧靠河曲县，只 20 分钟车程进入偏关县地域。

黄河国家文化公园（偏关段）的看点是黄河画廊谷、乾坤湾、老牛湾。

万家寨

偏关县古称林湖，始称偏头关、偏头寨、偏头砦，元改偏头关，清改称偏关县。

偏关为"三晋之屏藩""晋北之锁钥"，为黄河入晋第一县。

进入偏关县界后，我们沿黄河边走边采访。

沿黄河去万家寨的路上，要经过"千里黄河魂，神州西口情"五处黄河景点，第一站是关河口。

关河口是偏关的水路关口，也是偏关的关隘标志之一，它以偏关河汇入黄河的入口处而得名。当年从县城

关河口的村庄

驾船顺关河而下直达黄河，它是一个非常重要的入河口。从山势地理上看又是一个关河峡谷的谷口，两面绝壁，中间河谷。由于驻军将士自古定居，把守关口，形成古兵寨，撤军之后，当地居民在此定居。

现在的关河口民居古朴，石窑古老，门券环互，石巷幽深，是一个风情特殊的古村落。

在明朝长城防御时，谷口两边接着长城的绝崖山险墙，谷东崖顶筑有一座大墩，沟谷筑有两座墩台。河口深处不到一里筑有第二道长城防线，呈 V 字形，不远处还有一道暗门，三道墙门，使此地成为黄河畔防御最严密的长城隘口，夏守河，冬防冰，现在驻兵营地依稀可辨。

明清走西口时，这里又是"关河口古渡"走西口的水路通道，有国家设的有关管理机构。

关河口自然风光壮观，人文景观深厚。黄河滔滔，关河清澈，峡谷幽深，绝崖惊险，墩台高耸，村庄古朴。人们前来，或登悬崖鸟瞰古村落，或乘快艇畅游黄河峡谷，或穿古巷叩问明代关署，或住农家品尝黄河鲤鱼，登墩台思长城烽烟，临绝壁与古人对话。

第二站来到黄河天翼。

站黄河天翼，观赏大山大水，只见崖壁之巅，一道上弦弧形的黄河峡谷如庞大的翅膀张开，左携关河口，右托沤泥嘴，跃跃欲试，翩翩欲飞。黄河雄浑，峡谷深幽，绝壁耸立，气势磅礴，彰显着一种中华大山水、心灵度假地的神奇境界。

黄河岸边，土石混筑的秦代长城从东向西而来，在河畔驻足；崖壁上明代石砌长城坚守于谷口；岸边高地的明代大墩台—关河口 2 号烽火台如守河将士，凝视黄河西岸。黄河两翼中部，分别有两条通往黄河的曲折幽深的石峡，长城从壁顶走过，在峡谷跳跃，随着崖壁豁口的曲折上下，黄河边长城随之修成 V 字形，长城过沟谷之"水火门"的遗址在谷底尚存。

　　黄河峡谷内的石壁半腰，当年纤夫之路与栈道遗址依稀可辨，是古代繁荣的黄河水运的历史见证。

　　第三站天翅湾。

　　天翅湾是黄河畔上的一个村庄名字，为何叫作天翅有说因黄河峡谷如一对天造地设的大翼，是上天赐予美丽的图腾。有说是南方水师驾船在此遭遇风浪，航行在天翅湾村附近一个叫狮子拐的河湾，大风将船从河心吹到崖岸，船撞崖壁，人们全上到崖死里逃生。后来人们把此段河湾称作天赐生命的河湾。

◆ 黄河天翼

天翅湾有深厚的历史文化与壮美的自然风光。岸上史前遗址遍布，有阿善三期遗址，亦有早期古兵寨遗址。有五道秦筑早期长城由东向西延伸到黄河畔上，黄河崖岸上明代石砌长城由北向南行进，明代三座大形火路墩台呈品字形布局点缀其间，一座砖楼台屹立村中。这样一纵五横的长城防御格局如同一道牢固的栅栏，严密镇守着此段黄河。

在天翅湾村北叨羊嘴口，V字形长城镇守着入黄河的峡谷，一座保存完好的长城水门坐落于谷口，此水门为石砌城门状。

◆ 天翅湾

第四站登上火路墩。

黄河畔上五铺梁村附近是偏关长城防御最吃紧的一段，此处黄河崖壁较缓，黄河绝崖的山险河险构不成防御工事，河对岸的部落只要渡过黄河就可从此攀爬入侵，明王朝只好筑牢长城防御，在一华里长的黄河岸上，由山梁延伸到黄河岸畔竟有五座墩台，如此密集甚为罕见。

关于地名称作五铺梁，说是明代由于守兵众多，军需供应增大，晋商在此设立了五个商铺，专供守长城兵士军需所用。五铺梁一带历史文化遗存丰富，平缓的山梁间陶片瓷片甚多，有古人类居住痕迹。山梁上有古兵营和古长城墙体遗存，疑和天翅湾长城同为秦代遗存。沿山梁有三座火路墩由东向西排列，两座土筑，一座石砌。最大的一座居于中间，规模宏大，建筑精致。单墩直径20米圈，圈宽3米，墙残厚2米，内有

◆ 登上火路墩

黄泥、黑泥、黄土拌石灰渣的桃花泥，间隔性地分层夯筑。夯土层内，还有古老的陶片和瓷片。河畔的圆形墩台为石砌，疑为明之前早期建筑，明代利用。残宽 8 米，高 3 米。在崖壁下面黄河谷底，还有两座火路墩，其中五铺梁二号烽火台系土筑，距黄河 200 米，为尖顶。

另有一座长方体敌楼筑于陡坡，距河面仅 100 米，为守河前哨墩。黄河畔上的绝崖顶端，特别是沟谷入黄河口的两面悬崖上，保存有近 1 千米完好的石砌长城，高大雄伟，工艺精湛，为明代黄河边最壮观处。长城与黄河携手南行，刚柔并济，雄浑壮美，中华民族两大文化元素在此彰显得淋漓尽致，令人叹为观止，峡谷泛舟是赏黄河观长城的最佳位置。这段长城和墩台是明成化二年（1466 年）总兵王玺建。

在通往黄河的沟谷绝崖半腰，有许多天然石洞，洞口有石砌墙壁，为兵营遗址。黄河岸上存有古栈道和纤夫之路。

五铺梁一段自然风光壮美，通往黄河峡谷的白龙口、水清沟崖壁造型奇特，怪石嵯峨，形状各异，其中象鼻崖最为代表。

第五站画廊谷。

画廊谷处在黄河畔上，是黄河峡谷中的一个分支峡谷。峡谷长度近 1 千米，但十分幽深，特别曲折，小巧精致。坐落早期长城的山梁从东而来，朝黄河西去，铺成黄河畔上道道体量巨大的连环优美曲线，如同横陈着一尊少女玉体。

我看到，在曲线起伏的山梁上，排布着五道曲折幽深的山梁皱褶，每一道小山梁小皱褶冲刷形成一道小沟谷，汇在大深谷内就冲刷成一个个 U 形峡湾，最后组合成一道美丽的峡谷。峡谷不宽，不到十米，曲折环互，呈双 S 形。峡谷的石壁为天然风蚀形成的各种图案，如同一幅幅规模宏大的岩画，组合成一道壮观的天然画廊。

峡谷最深处也是峡谷的尽头是一座高大的石崖，呈悬空状，一条瀑布滔滔而下，为峡谷增添了生气灵气和神秘。峡谷入黄河处壁立千仞，两端坐落着造型各异的巨大怪石阵，有许多石兽石人造型，似庞大的雕塑屹立于黄河岸畔，其中伟人石最为壮观。

在画廊谷入黄河的谷口两面，垂直的悬崖石壁中间有许多天然石洞，幽深神秘。洞口有人类垒砌的石墙，疑为古人居住，究竟何人居住，如何运送石料到半崖垒墙，如何每天上下崖壁，无人探险解释谜团。有说是和天翅湾一带阿善三期新石器时期人类是同时代的遗存，有说是明代守河的军士居住，尚待探究。

◆ 画廊谷

最后到达的万家寨水利枢纽工程，在这里添加了一道更加美丽的风景线！

当我登上大坝，骤然震惊：那水面、远山、河谷、坝体，展示了一幅雄伟的图画。

在场的管理人员介绍："万家寨水利工程具体位置是位于黄河北干流托克托至龙口河段峡谷内，是黄河中游规划开发的8个梯级中的第一个工程，其左岸属山西省偏关县，右岸为内蒙古自治区准格尔旗。"

当问到大坝，工作人员回答说："水库大坝高 90 米，坝长 438 米，电站装机 108 万千瓦；水库总容量 8.96 亿立方米。"

当我问到黄河在偏关县流经的长度，工作人员接着说："黄河水头从偏关万家寨镇老牛湾村入境至天峰坪镇寺沟村出境，全长 32 千米，流经两镇，15 个自然村。"

我在偏关县城转了一圈，又去往万家寨镇老牛湾村。

老牛湾

从万家寨水利枢纽大坝北行到老牛湾还需 13 千米，路上过天下"黄河第一湾"乾坤湾。

乾坤湾，因山河回环如太极而得名。黄河南奔，遇高山险阻，没有暴跳如雷，惊涛拍岸，而是欲进先退，智慧转身，迂回向北，再从容向南。这个 S 形山河大回环是人间少有的奇观。

过乾坤湾，来到老牛湾景区。这里为黄河晋陕大峡谷的开端，也是

◆ 万家寨水电站

黄河入晋的起点，万里长城翻崇山峻岭后与发源于青藏高原的母亲河——黄河在此交汇。景区包含黄河与长城握手处、长城烽火台"老牛湾墩"、老牛湾古村落及古堡。

◆ 黄河入晋第一湾

老牛湾以黄河为界，南依偏关县，北岸内蒙古的清水河县，西邻鄂尔多斯高原的准格尔旗，是一处"鸡鸣三市"的地方。老牛湾西窄东宽，尾部圆满，恰似葫芦状。

我们首先来到老牛湾黄河长城握手处。

◆ 黄河长城握手处

◆ 老牛湾村古堡

◆ 石房

老牛湾作为黄河入晋起点，当黄河南下时，在此回环转折，形成一个完美的弯，这是受黄河水流侵蚀和风蚀双重作用形成的曲流。弧形峡谷以优美的曲线吸引着四海游客。恰好长城伸到这里，独特的自然景观，融汇了黄土高原沧桑的地貌特征，黄河长城共同绘就了河声岳色的壮丽景观。

接着我们走到老牛湾村边的长城烽火台，因正在修复，无法就近看，很遗憾。

我们又绕道来到老牛湾古村落。

信步于老牛湾古村内满眼皆是石头，石板路、石板屋、石板窑、石板炕、石头碾、石头磨、石头臼、石头街等，成了"石头的世界"。

在村头，我采访了一位老者，他说："这里还有'黄河第一湾'、魏家大院、石头院墙很多可去之处。"他又讲："现在的日子好多了，都是乡村振兴带来的福！"

村里最有看点、最闻名的是老牛湾堡。老牛湾堡建于明朝

◆ 了解老牛湾的村史

1467年。古堡坐落在紧靠黄河大峡谷的悬崖峭壁上，是明代长城防御系统的重要组成部分。城堡平面呈长方形，坐北向南，周长360米。堡内原有建筑大部已毁，现存照壁、真武庙、关帝庙、观音庙及旗杆基座等。城门外有碑刻一座，记录重修时的信息，其上从右至左镌刻有镇守此堡的文官、武将等官职及姓名。老牛湾堡在明代是偏关防御的前哨，明史记载老牛湾"夏守边而冬守河即为寇卫"。

向导周生生介绍："老牛湾以内外长城在这里交汇为奇，晋陕蒙大

去老牛湾途中路过乾坤湾

峡谷以这里为开端为怪，黄土高原沧桑的地貌特征在这里彰显，大河奔流的壮丽景观在这里再现。长城与黄河在此握手，这是少见的。"

当我离开这里时，我特意站在高坡，再看一眼老牛湾。只见那黄河源远流长，黄河与长城肩并肩、手拉手并列而去，这是黄河与长城特有的景观，让人心动……

明长城

在偏关采风，我还去了明长城。偏关古为边防重镇，名胜古迹颇多。总长为 500 千米的六条边墙的明长城，明代建造的文笔凌霄塔、古烽火台岩洞、偏头关都很有看点。偏头关与宁武关、雁门关合称中华三关，是明代长城外三关之首。偏关明长城全长数百华里，现存 300 多个峰燧墩台。偏关是中国长城古堡数量最多的县，明朝九边的重要体系，明初太原镇总兵的驻地。

站在明长城之巅，北看内蒙古清水河，西望黄河对面内蒙古准格尔旗准格尔荒原，南观流淌的偏关河，东顾弯曲延长伸展的雄伟壮观的明长城。

站在祖国长城上，其心情是何等的激奋啊！

明长城作为世界文化遗产，世界重点文物保护单位，是明朝在北方山区修筑的军事防御工程。

站在长城墙顶，我想到了去过的山海关、居庸关、雁门关、紫荆关，今天又来到了偏头关，怎么不让人动容呢？

这时，我把视线转向黄河方向，那滔滔的水流、奔涌的波澜、升腾的雾气，又把我的激情点燃：这里可是长城与黄河接头的地段啊！

如果把黄河比作中华民族的母亲河，那么长城即是祖国的脊梁！

长城！黄河！祖国的骄傲！

黄河！长城！民族的希望！

站长城望黄河！血脉偾张！

◆ 老牛湾黄河边上的长城烽火台

作者当年登顶恒山

国务院批准
重要地理信息数
恒山
(天峰岭)
高程:2016.1米

这，怎不让人冲动呢？

这，怎不令人动情呢？

此时，我不由自主地想起过去在极顶看远处黄河的情景！

诗在远方！

我在东岳泰山极顶，看"黄河金带"！

我在中岳嵩山极顶，望"黄河东去"！

我在西岳华山极顶，观"黄河倒影"！

诗在远方！感受极深！

为了达到人生完美，我还曾去北岳恒山极顶，看"黄河西照"。然而，我去北岳恒山极顶，没有看到黄河。留下遗憾！

一只飞鸟从头顶掠过，打断了我的思路。

自我补充，自我安慰吧！

在此处长城近距离看"黄河奔腾"，也是一种享受啊！

诗，在远方！诗，在近处也有意境啊！

黄河国家文化公园（陕西段）构建"一廊两地四带多园"格局，即建设具有国际影响力的黄河文化保护展示传承廊道，打造关中文化高地、红色革命高地，构筑渭河文化带、红色文化带、秦岭生态文化带、边塞文化带和建设各具特色的黄河文化展示园。黄河在陕境内流经黄土高原榆林、延安、渭南，全长约719千米，流域面积13.3万平方千米。此段黄河流域输沙量占到黄河总输沙量的60%以上，警示防止水土流失！而这里有华山"影倒黄河里"、潼关古城、龙门峡、司马迁故里、镇北台等诸多景点，还有革命圣地延安、南泥湾等。

第四章

陕西段：黄河纵贯黄土高原
孕育独特文化

潼关：黄河岸边的"千年古关"

　　来到黄河边的潼关古城，开启了陕西段黄河溯源的踏访采风，潼关是首站。

　　潼关位于三省、三河交汇处，黄河由此自北东折，滚滚东流，形成天下"黄河第一湾"的奇丽景象。潼关南望华山，北眺黄河，"岳渎相望"成语产生于此，是华山与黄河对话的绝佳之地。潼关有上千年的悠久历史，称之为"千年古关"。

　◆ 潼关古城遗址

◆ 后修建的潼关城门

站在古城遗址前，满目荒凉，一片废墟。天空的鸟飞来飞去，无处着落。

这就是"千年古关"潼关！

"峰峦如聚，波涛如怒，山河表里潼关路"。出自元代张养浩的《山坡羊·潼关怀古》，描写潼关旁的黄河。可见，潼关在历史上的地位。

陪我采风的张先生说："20世纪60年代，因为三门峡水库建设，潼关县城搬迁，使得人去城空。城内建筑拆毁。故城遗址遭到毁坏，仅留其残存城垣。"

潼关是中华文明发源地之一，流传着女娲抟土造人、夸父追日弃杖桃林等传说。

潼关，将永远留在人们记忆中……

潼关县政府为了再现潼关古城旧貌，新上"古城东山景区"，面积1300亩。我走进景区，看到了城楼、古城墙遗址、钟楼、仿古商业街、山河一览楼、女娲祠等，再现潼关八景中的"谯楼晚照""雄关虎踞""道观神钟""禁沟龙湫""风陵晓渡"景点。

我特意去了女娲山，依次参观了龙门、望娘台、魁星楼、红楼观、

◆ 在女娲广场聆听当地人介绍历史传说

女娲广场等，仿佛走进古老的传说。

这时，我求助张先生："女娲山这些景观的依据是什么？"

答："《陕西通志》有记载：女娲是华夏民族人文先始，大地之母，被誉为中华民族的母亲。女娲抟土育人发生在潼关，古代人认为女娲用黄河水、黄土创造人类，在黄河边繁衍后代，女娲墓在东山即女娲山。"

龙门两边雕刻精细的对联醒目，左联、右联分别为"潼关雄天下，黄河入海流"。

历史遗迹让我们认识潼关、了解潼关、热爱潼关、追寻记忆潼关……

潼关还是一座英雄之关。在潼关采风，不断看到陈旧标语："军民抗战，兵出潼关"。抗日战争期间潼关处于战争的最前沿。1937年日军攻破太原后，就对潼关轰炸，炮声在潼关上空一直轰响，直到日本宣布投降为止。

离开女娲山，我驱车去秦王寨马跑泉景区所处窑上村采风。张先生说：

◆ 马跑泉入口

"唐太宗李世民为秦王时，东征途经此地安营扎寨、屯兵养马、整肃军旅，故名秦王寨。一次战役后，因人困马乏，口渴难耐，战马在大声长嘶后奋蹄长刨，随后清泉汩汩流淌，为赢得战争胜利提供了重要保障。"

为纪念那次战役和战马功劳，人们称那股清泉为"马跑泉"。泉水至今仍水流不衰。

我们在秦王寨北，看到一处澄清碧澈的泉水。

面对泉水，张先生说，关于马跑泉，有多处记载。

《续潼关县志》载："唐太宗为秦王时，兵驻其地。士方渴，苦无水。系马其处，马跑（跑）之，泉忽涌出，遂得饮"。后人遂和此泉为"马跑泉"。

马跑泉水量充沛，《续潼关县志》载："方数丈，澄澈渊涵，时方溢出。"

《潼关乡土志》：清末，马跑泉"灌窑上竹园一顷有余，灌寺底（与窑上村毗邻）地数十亩，下随山水流入黄河。"

在现场，我看到秦王寨这个地方，四面环沟，地势险要，易守难攻，是一个天然的军事屯寨。

在此，我们专门询问了村干部。他介绍："寨子里曾有讲武厅、跑马场、射箭台和城墙等古迹。射箭台南北各有三座。每座长、宽均为 7 米。四周城墙高 3 米多，宽约 5 米，现在保存了下来。"

我们又回到窑上村。在大街上，看到这村是全国先进基层党组织、

◆ 平静的马跑泉

全国文明村镇。

街上一位村民说："村里为了保护历史文化古迹，保护自然生态环境，自2004年起，采取招商引资、集体投入为主，争取国家投入为辅的办法，对秦王寨马跑泉进行了保护。景区充分利用秦王寨、马跑泉历史景观，以盛唐文化为基调，以现代文明为依托，大力发展集浏览、休闲、娱乐、餐饮于一体的乡村旅游。"

据了解，窑上村为了进一步促使秦王寨马跑泉景区快速发展，实施了秦王寨马跑泉景区二期工程，名"中华小吃村"，村中设有"唐乐坊"美食一条街，街面商铺为仿明清建筑，依地形地势而建。

我在秦王寨博物馆，看到收藏的文物石器、陶器、铜器、瓷器、玉器等。这些珍藏品展示潼关县悠久文化，弘扬了中华民族几千年历史文明。

我从潼关县城乘车东行3千米到达禁沟西岸。这里是十二连城，又名烽火台，俗称墩台。它北起禁沟与潼河交汇处，南至蒿岔峪口。烽火台以土筑成，方梯形，底边长10.5米，高7.6米，夯层9～14厘米。

《潼关卫志·兵略》记载："古设十二连城于禁沟

◆ 沿栈道攀登上山去探访十二连城烽火台

之西，由南郊以抵山麓，计三十里，而十二连城乃三里一城也。每城设兵百人，而于中城益其兵，多设火器、矢石，联络呼应，疾若风雨，即有百万之众，岂能超越而飞渡耶？"

至今，烽火台尚存。

据张先生介绍，十二连城烽火台遗址沿线获得过重要发现，在距离"北七烽火台遗址"西北20米处的禁沟崖壁上，发现了15厘米厚的汉代建筑材料堆积层，现场出土了绳纹板瓦等遗物。

十二连城已列第七批全国重点文物保护单位。

在潼关县，我还去"慢游潼关"栈道参观。该处修建了栈道、恢复了古道。

◆ 边攀登边眺望屹立在山顶的烽火台

从县城以西的岳渎公园开始到达古城南门，沿河而上到达十二连城烽火台广场，沿越野自行车道到达县城古栈道，最后到达起始点。

潼关，黄河岸边的重要关口，古代女娲传说的事发地，既有自然风光又有人文景观。

华山、太白山：顶看影倒黄河里·黄河长江分水岭

当我离开潼关时，忽然想到了唐代诗人卫光一描述华山的诗句：

太华五千寻，重岩合杳起。

势飞白云外，影倒黄河里。

诗句指的是华山的倒影。为了看倒影，我特意站在黄河沿岸，注目黄河水面，但怎么也看不到华山倒影，可能是因云雾太大吧！

听说去南边的华山，登上山峰看，更壮观、更神奇！

◆ 通向华山之巅的爬山路

◆ 直上天梯　　　　　　　　　　◆ 攀爬登顶提心吊胆

潼关距华山只半个多小时车程，何乐而不为呢？

为此，我决定去华山一望，试看"影倒黄河里"。

当汽车开到华山脚下，眼眶中的华山，像一幅图画定格在面前：蓝天下，一座雄伟的大山拔地而起，山前树林碧绿，山顶白云飘动，山腰皆是爬山的人群。

这就是华山，雄奇峻险！

这就是华山，西岳之巅！

山门前，一排宣传专栏，介绍华山的概况。

华山古称"西岳"，为中国五岳之一，是中华文明的发祥地，"自古华山一条路"，"奇险"是华山风光的精髓。它南接秦岭，北瞰黄河。华山有东、西、南、北、中五峰，海拔最高的主峰南峰"落雁峰"、东

◆ 作者第一次登顶华山眺望影倒黄河里

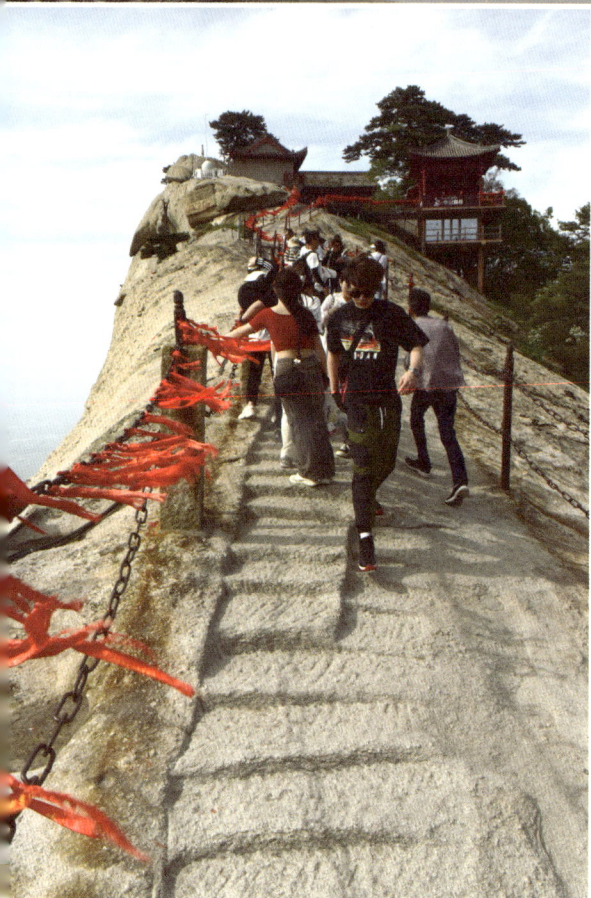

◆ 爬山的人群

峰"朝阳峰"、西峰"莲花峰"，三峰鼎峙，"势飞白云外，影倒黄河里"，人称"天外三峰"。

我是首先乘索道上到半山腰，然后开爬，体验"自古华山一条路"的雄险。

攀登中，我经过云门第三关、太华咽喉第四关、上天梯、阎王砭、龙王庙、将军石，到达金锁关第五关。

爬到这时，有些喘气，我坐在金锁关休整。这时，看到此处有很多很多锁，一重重、一叠叠、一串串、一排排、一行行，这就

◆ 小心翼翼爬上山顶　　　　　◆ 登上华山西峰回味爬山的困扰和险情

是"情侣锁"，人们相信，把平安留住，把感情锁好！

金锁关又叫通天门，处在三峰口石拱门，是通向东、西、南、中四峰的咽喉，有"过了金锁关，另是一重天"的说法。金锁关北接五云峰，南有华山主峰，东西壑深千丈，关前仅有一米宽的台阶石径。我从这里回首北望云台峰更加美丽。站在关前，北可观锦鸡守玉函奇石，西能望老虎口景观。

歇够休好，我直奔西峰莲花峰，因此峰像莲花而得名。我在此看了莲花洞、舍身崖、斧劈石、劈山救母等景点。

然后南行，过巨灵足、云门、老君炼丹、冲霄崖，最后我终于到达主峰南峰，十年前我曾登上过华山南峰。哪知，刚到峰顶，刮起大风。

南峰，一峰二顶：东顶松桧峰；西顶落雁峰即南峰极顶，因大雁飞不过而得名。由于风太大，石碑封闭，人们不能靠近石碑，幸亏我上次留了影。

我在南峰顶巅，近距离看到立在山顶的石碑，让目光定格在华山最

◆ 作者第一次登上华山南峰

◆ 站在山壁尝试"卧薪尝胆"

高峰。石碑上写着"南峰—高程2154.90米"。只见石碑前有很多石刻，都是名家名人所为，其中有"真源""南天门"等字样。

南峰顶还有老君洞、老子峰、炼丹炉、八卦池、仰天池、白帝祠。旁边的杨公亭，刻有杨虎城华山游记。

在南峰，大风把云吹散了，我四周眺望，大有"一览众山小"的感觉！在此，可俯瞰黄土高原，可俯视渭河平原，尤其是下看黄河，像一条龙、似一条银光、如一条飘带，蜿蜒在目光中……

诗言华山"势飞白云外，影倒黄河里"，尽管在这里不易看到华山在黄河的倒影，但可以想象黄河倒影里的华山山峰……

换而言之，如果是在黄河边看"影倒黄河里"，那么在华山顶可望"黄河华山流"。

从南峰转道向东，我又去了东峰朝阳峰，是看日出的最佳之地。

值得骄傲的是，北峰我也爬过了，达到了完美之行。北峰四面悬绝，巍然独秀，因有若云台，又名云台峰。唐李白《西岳云台歌送丹丘子》诗曾写道：

三峰却立如欲摧，翠崖丹谷高掌开。

白帝金精运元气，石作莲花云作台。

北峰是"智取华山"故事的事发地，山上有真武殿、焦公石室、长春石室、老君挂犁处，很值得一看。

日落西山，峰回路转。

下山的路上，反思一天的行程，华山基本都去了，太难得了！

诗曰："黄山归来不看岳"。

我言："华山归来不看峰！"

今天是一个艳阳天。中午，我们从华山下来后，沿高速公路直奔太白山。

三个小时车程，到达太白山下。

面对眼前耸入云天的太白山，感慨万千：真的是"高、寒、险、奇、神"啊！它的雄伟，可"称雄华夏"，说得太确切了！

太白山位于太白县、眉县、周至县境内。下午 3 点多钟开启上太白山的行程。

◆ 太白山顶上的"天圆地方"石刻

我们先是坐景区专车，再乘索道，下索道后海拔已上升至3511米，感觉还可以，没有多少高原反应。

我们先后去了"天圆地方""秦岭主峰太白山 中国南北分界岭""高山灌丛""太白宝光"等地。

主峰拔仙台海拔3771.2米，一条步道直通主峰，步道还有不少积雪。

昔日，李白面对主峰诗情大发："举手可近月"。

今天，我面对主峰拔仙台同样感慨：我是河北人，河北有"引黄入冀"河道，黄河的水已经引流到河北省，流到了我的家乡，说不定我们燕赵儿女吃的水包含了秦岭太白山上流下的水……

太白山，位于秦岭山脉，是黄河水系和长江水系分水岭最高地段。

我在太白山上，路遇北京一位地质工作者，他说："太白山乃至秦岭，与黄河有千丝万缕的关联，所说的分水岭，就是秦岭山脉以北的水流，注入黄河，增加了黄河水量。假设没有秦岭的水流，那会直接影响到黄河，

◆ 到达"中国南北分界岭 秦岭主峰太白山"

中国南北分界岭

秦岭主峰太白山

◆ 跋涉不止 攀登太白山

◆ 眺望太白山主峰

◆ 爬至太白山顶感受"力量的源泉"

会让黄河枯竭，甚至断流！"

这位退休的地质工作者说起来滔滔不绝，而且很认真，最后讲："我们还是要注意保护生态环境，绿水青山才是金山银山！"

太阳西照，晚霞光芒四射。

下山的路上，我的脑海中还在思索着黄河的水流：黄河是我们的母亲河，保护生态环境，事在人为，生态环境好，母亲河的乳汁会源远流长，永续不断……

再见了，太白山！

告辞了，分水岭！

韩城：司马迁祠·城隍庙·黄河龙门

出潼关沿黄河北上，过朝邑、合阳到达韩城。

韩城，是个历史悠久的古城，夏、商时期以"龙门"代称。早在旧石器时代晚期，韩城就有了人类活动的足迹。韩城有很多古迹，如魏长城遗址、毓秀桥、赳赳寨塔、八路军东渡黄河纪念碑、魏长城、党家村景、梁带村芮国遗址等。

司马迁祠

司马迁公元 145 年生于韩城龙门，为西汉史学家、文学家、思想家。司马迁早年受学于孔安国、董仲舒。

我第一站赶到位于韩城市的司马迁祠。该祠始建于西晋永嘉三年即公元 310 年。我沿着石阶层层上攀，共九十九级。

司马迁小时随父亲去长安，为汉

◆ 拾级而上司马迁祠

◆ 司马迁祠建筑

武帝扈从。他爱山水名胜，走遍神州。父亲去世他出任太史令，读了很多历史典籍，后编纂中国第一部纪传体通史。通史是一部有一百三十篇、五十多万字的巨著即《史记》。

司马迁曾顺着黄河进入中国的中原腹地，造访了许多古老的历史遗迹。他编纂《史记》时，一位远征的将军力战而败，投降了匈奴人。汉武帝坚持认为此人背叛国家，而司马迁则提出了不同意见。于是，武帝下令将他投入监狱，并处以宫刑。

祠院的最后边是司马迁长眠之地，冢上有一株古柏。这棵古老柏树蟠枝虬干，繁茂老劲。祠东面一千米便是黄河，纵目远眺，风光无限。

城隍庙

城隍庙和文庙是韩城的两大庙宇。

文庙又称孔庙，位于韩城市金城区东学巷东端，是全国第三大孔庙，规模仅次于山东曲阜和北京国子监街的孔庙。

来到文庙，倍感文化气息很浓，我沿南北长200米的中轴线开步参观。

先是来到棂星门，为文庙正门，其门为悬山式，由3座木牌坊组成，五昂重拱，补间辅作分七、五、三朵，饰以龙凤、仙人、狮马、花卉等。立柱直通屋外，俗称通天柱。顶饰琉璃盘龙，花卉套筒和宝葫芦攒头。过此门，我进入第一大院，院内古柏参天，树木成荫，鲜花盛开，清新

沿古街去城隍庙

雅致的环境使人赏心悦目。门前有"泮水"，水上有"泮桥"。院东西两侧有对称的"更衣亭""致斋所"，是祭孔前净心浴面、理衣整冠的地方，还有对称的6座牌楼。

我在文庙行走，印象最深的是柏树，叶茂枝繁。其中，有一株一千五百年的古柏，历经千百年，依旧孤绝而挺拔，生机盎然。这棵千年古树有五指的枝干，寓意"五子登科"。

在文庙旁，有一个博物馆，馆内的胡桃木根雕引起我的兴趣。根雕的是黄河，之中有龙门峡、船只、黄河河水和一条龙。它应该是中国此类根雕中最大的一个，据了解是八百年前元朝的作品。

城隍庙同文庙一样，为全国文物保护单位。

庙门正门额书"城隍庙"，门外两侧各塑金刚神，四墙面砖刻"彰善瘅恶"四字。

琉璃九龙壁位于庙前，牌坊位于枝门东西，东牌坊上书额"监察幽明"，西牌坊上书额"保安

城隍庙

黎庶"。

城隍庙呈"十"字形，以山门、政教坊、威明门、广荐殿、德馨殿、灵佑殿、含光殿等构成南北中轴线。

城隍庙的二门为威明门，门房为单檐悬山顶，次间是"槽官"和"宪天"的塑像，殿前有戏楼，重檐十字歇山顶。

城隍庙正殿是城隍爷听政的大堂，内部供奉纪信城隍爷铜坐像，明太祖朱元璋于洪武年间封前汉纪信为城隍爷，言说城隍"剪恶除凶，护国保邦"。

黄河龙门

龙门是黄河的咽喉，两面大山，黄河夹中，河宽不足 40 米，河水奔腾破"门"而出，黄涛滚滚，一泻千里……

黄河龙门，也是陕西省的边界，黄河对岸就是山西省。黄河自北奔腾到这里，黄色巨龙在此地一劈两半，劈出来一道峡谷，两岸峭壁，所以称作"龙门"。

为什么叫"龙门"，每年三月数百万条鲤鱼从这个峡谷游过到上游产卵，民间有"鲤鱼跳龙门"的说法。据《太平广记》记载："龙门山，在河东界，每年岁春，有黄鲤鱼，自海

◆ 龙门霞光

◆ 黄河龙门景区禹王洞大禹庙遗址

及诸川，争来赴之，一岁中，登龙门者不过七十二，初登龙门，即由云雨随之，天火自后烧其尾，乃化为龙矣。"

"黄河西来决昆仑，咆哮万里触龙门"这是大诗人李白诵颂黄河龙门的千古绝唱。从壶口瀑布到芝川渡口是黄河流程中最雄奇跌宕、多彩多姿的一段，而天堑龙门以其地处要冲、巍峨神奇更为人称颂。

龙门又叫禹门，相传为大禹所凿。这里是大禹治水工程的起点，整个工程一直延伸到郑州。在那里黄河最终甩脱邙山山脉的拘束，在中原一泻千里。大禹生活在四千多年前，人们为了纪念他治水，在龙门峡两岸修建了数座大禹庙，但不少庙被日军炸毁了。

再沿黄河龙门而上5千米，涛声更大，黄河从宽仅38米的石崖峡谷中泄出，壁立如削，水流湍急，山色波光，让人陶醉。黄河一出龙门，河床陡然变宽，河水在宽敞的河面上缓缓流动，弥漫浩渺，开阔壮观，并形成"三十年河东，三十年河西"的黄河景观。

在韩城，我还去了八路军东渡黄河纪念碑参观。1937年，日本帝国主义阴谋制造了卢沟桥事变，发动了旨在灭亡中国的全面侵华战争。红军改编为八路军后开始从韩城县（今韩城市）芝川黄河渡口陆续渡河开赴抗日前线。

韩城，因司马迁而出名！

韩城，因龙门闻名天下！

韩城，因八路军渡黄河誉为英雄城！

延安：延安革命遗址·南泥湾·甘泉峡谷

离开韩城，汽车沿黄河西岸北行。车内不断播放《陕西民歌》，一路向延安飞速前进。延安，是中国革命圣地，有枣园、王家坪、杨家岭、南泥湾等 140 多处革命遗址。

延安革命遗址

来到延安古城。从 1935 年到 1948 年，毛泽东等老一辈革命家在这里指挥了抗日战争和解放战争，延安成了全国人民向往的地方。"辉煌十三年""民主圣地""延安精神"一个个闪亮的称谓，使革命圣地的光环更加灿烂。

◆ 延安宝塔

在延安，第一站看中共中央旧址。这里的中央机关有政治局、书记处、组织部、宣传部、统战部、财政部、干部教育部、妇女工作委员会、职工运动委员会、文化工作委员会、农民运动委员会、秘书处、交通局、管理局等部门。同时还有毛泽东、朱德、周恩来、刘少奇等旧居。

中共中央旧址最为引人瞩目的是中央大礼堂，1945 年 4 月 23 日中国共产党第七次全国代表大会在这里隆重开幕。中央大礼堂房顶呈穹隆式，主席台中央悬挂着毛泽东、朱德画像，两边墙上挂着马克思、恩格斯、列宁、斯大林画像；前顶写着"在毛泽东的旗帜下胜利前进"。

◆ 中央大礼堂

"七大"选举毛泽东为中央委员会主席，毛泽东、刘少奇、周恩来、朱德、任弼时为中央书记处书记。

宝塔山是延安的象征。宝塔周围原来较为荒凉，后来有人倡导在塔四旁植树。我走在树里行间，看到全国各省（区、市）在山上营造的纪念林。不少来自全国各地的游客，都在找自己所在省（区、市）所栽的纪念树。

清凉山是延安的又一景。脍炙人口的名句"先天下之忧而忧，后天下之乐而乐"就题写在山上。清凉山除名胜外，还有革命旧址，它是中央新华通讯社、延安新华广播电台等所在地。

在延安采访期间，讲解员介绍："在富县城西半山腰有一座开元寺，很像延安的宝塔山。抗战时期敌机多次轰炸延安都以延安宝塔做航标，

◆ 毛泽东旧居

哪知飞机执行任务时错将富县宝塔认为延安宝塔，使延安宝塔免遭轰炸。"

延安是中国革命圣地，周边还有南泥湾、甘泉大峡谷、子长钟山石窟、花木兰故里万花山等。

南泥湾

南泥湾，是我梦想之地！

一曲经久不衰传唱了几代人的《南泥湾》，扎根在许多人的心目中。

花篮的花儿香，听我来唱一唱，唱一呀唱。

来到了南泥湾，南泥湾好地方，好地呀方，

……

伴随着《南泥湾》歌曲，我从延安市向东南行40千米，在一处拐弯，我下车来到南泥湾。

没想到，这次到南泥湾采风，就是想了解一下当年大生产运动的情况，追忆当年开荒种田的场面，重温当年丰衣足食艰苦奋斗的精神。

当走进南泥湾后，呈现在面前的已不是《南泥湾》歌词中所唱到的"到处是庄稼，遍地是牛羊"的景象，而是"成片的林木披上了绿装"。

镇政府一位干部在接受采访时很少谈及过去，而对现在的退耕还林绿化荒山大讲特讲。

他说，现在南泥湾大搞"绿水青山就是金山银山"活动，山间、坡梁、沟岗，一改过去开荒种地变植树造林，目前南泥湾镇已将过去耕种的土地大都种上了树，昔日"到处是庄稼，遍地是牛羊"的状况已改变，成为"绿水青山"的秀美山川。

目前南泥湾的绿色革命已铺展到整个延安、陕北。镇政府干部说，过去开荒种地那是红色革命的需要，今天退耕还林是绿色革命的希望，"如今的南泥湾与往年不一般"，尽管南泥湾"再不是旧模样"，但是如今的南泥湾同样不一般，同样是"陕北的好江南"。

南泥湾是延安的一个缩影。在改革开放的今天，镇里抓住大开发的机遇，把"绿水青山就是金山银山"作为主打项目，争当经济强镇。

据介绍，在退耕还林上，南泥湾带了个好头，这两年南泥湾带动延安市退耕还林上百万亩。在南泥湾、延安一路采访，一路春色，感受至深的是"自力更生、艰苦奋斗"的南泥湾精神！这是延安精神的支柱，中华民族精神的象征！昔日，它鼓舞着我们战胜困难，夺取胜利。今天，它鼓舞着我们奋勇向前，建设强大的祖国，南泥湾精神会代代传下去。

南泥湾现已开辟成旅游景区，我去了毛泽东视察南泥湾旧居、三五九旅旅部旧址、七一八团烈士纪念碑、七一九团烈士纪念碑、中央管理局干部休养所旧址、南泥湾垦区政府旧址、八路军炮兵学校旧址、九龙泉和南泥湾大生产展览室等。

◆ 南泥湾

　　谈到南泥湾的出名，还是因为那首《南泥湾》的歌曲。我在南泥湾大生产展厅，听取了讲解员介绍："那是1943年春，鲁艺秧歌队到南泥湾慰问三五九旅，演唱了由贺敬之编词，马可谱曲的歌曲《南泥湾》，宣传自己动手、丰衣足食的南泥湾精神，为战胜日寇和国民党的经济封锁，起到巨大作用，它是延安精神的具体化。"

甘泉峡谷

　　离开南泥湾，接着西行半小时，来到甘泉县，此地距延安南约30千米。

　　早就听说甘泉的峡谷美！近在咫尺，何不去欣赏一下呢？领略一下什么叫斑斓光影！什么叫异彩纷呈！

　　我们沿洛河走，沿途有白鹿寺、古银杏、马超洞、青州城、香林寺等名胜古迹，还有下寺湾毛泽东旧居、陕甘边苏维埃政府旧址等革命遗迹。不远处进入峡谷群景区。

　　甘泉大峡谷为红砂岩地质，历经数千万年风沙切割和流水溶蚀、冲刷而成，是典型的峡谷，丹霞地貌，享有"黄土高原自然地缝奇观"之美称。峡谷主要分布于甘泉县下寺湾、桥镇、东沟等地，知名峡谷尤以桦树沟峡谷、牡丹沟峡谷、一线天峡谷、龙巴沟峡谷、花豹岔峡谷等为最。

　　我们首先去桦树沟峡谷，谷长 300 米、高 25 米、宽 1.5 米。峡谷溪水潺潺，绿苔茵茵，光影绮丽，绚烂迷离；波浪起伏，美轮美奂。峡谷不长，但第一印象感觉不错！

　　龙巴沟峡谷，感到很深远。其谷长 2500 米、高 20 米、宽 1 米。沿峡谷走到 800 米处有一出口，可以外探。龙巴沟峡谷是所有峡谷中是最惊险、刺激的一条峡谷。峡谷时宽、时窄，攀爬艰难。峡谷内青苔、草甸极多，山壁雄、齐、险、幽，呈现的是刚柔并济、色彩丰富的立体景观。谷内狭长幽深、九曲回转。当阳光穿透峡谷裂缝时，更给深谷幽静涂抹上一种神秘的色彩。

　　第三个峡谷为牡丹沟峡谷，因附近生长多种野生牡丹而得名，长100 米、宽 1 米。谷内景色优美，飘飘妖娆，有"玉蝉观天""牡丹仙子""仙人洞府""八戒醉眠"等微景观惟妙惟肖，浑然天成。相传王母娘娘发现了此处的牡丹，称为牡丹沟。峡谷口右侧山的女子头像当地称为"牡丹仙子"。

　　与牡丹沟峡谷隔河毗邻的是一线天峡谷。峡谷长 100米、高 30 米、宽 2

甘泉县大峡谷

◆ 光线四射

米。走在谷底，只见崖壁高耸入云，"双狮嬉戏"置身其中，犹如地府直通云天。

出大峡谷，又听司机说中华民族始祖轩辕黄帝曾居住在南边的黄陵县，隶属延安市管辖。如果说黄帝的出生地在河南省新郑，那么黄帝的长眠之地就是这一地区。

临时决定，去轩辕黄帝陵拜祖。

这时，我们又返回高速路南行，半个多小时车程，前方出现黄帝陵标志牌。

到达后，满山遍野的古柏，郁郁葱葱，生机勃勃。司机说："黄陵县属于延安市管辖，原来叫中部县，是 1944 年更名的。"

景区在黄陵县城北的桥山上，因为有陵，故才有成千上万的古柏，而且树龄都在千年之上。

在轩辕庙中有一棵我国最古老的柏树，高 20 米，周长 11 米，据说

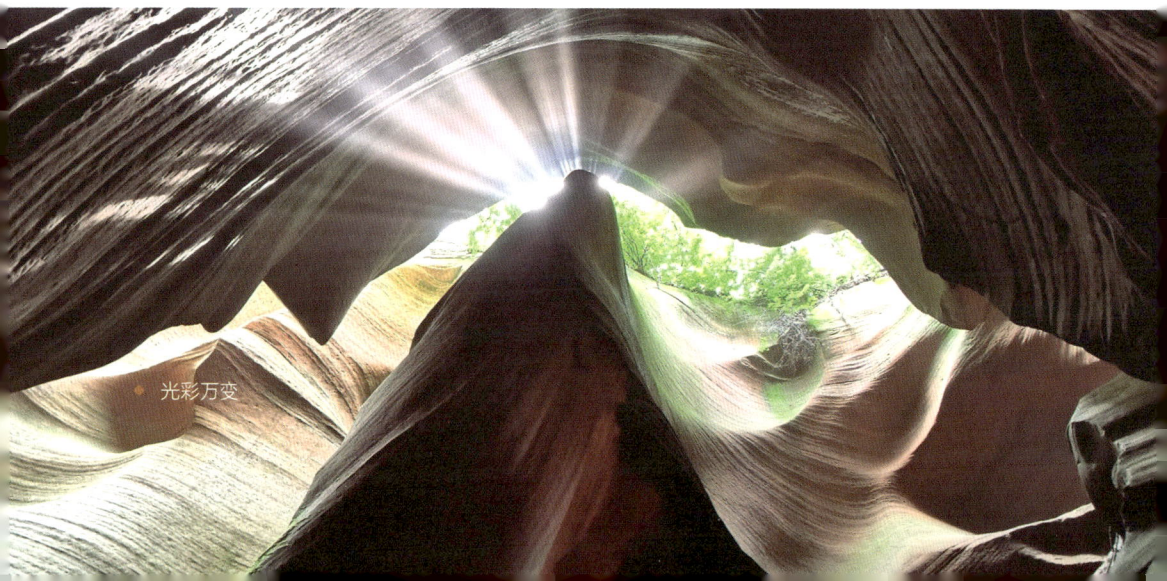

◆ 光彩万变

是黄帝亲手所植，称之为"世界柏树之父"。

黄帝陵景区由轩辕庙和黄帝陵园两部分组成。"轩辕庙"由原国民党陕西省主席蒋鼎文所题写。进庙后可见"诚心亭""碑亭"。碑亭对联为"上下五千年，纵横三万里"，碑亭内有孙中山、毛泽东等撰写的碑帖字体。

从轩辕庙至黄帝陵有一段距离。陵园正门，有块下马石："文武官员至此下马"。

在下马石旁边，有个很大的停车场，凡参观者，全在此停车步行拾级而上。

在通往黄帝陵的山路上，全是无尽的古柏树林，遮天蔽日，幽静深邃，清凉爽快。黄帝陵面积9.7亩，亭中石碑题有"黄帝陵"三个大字，为郭沫若书。

墓碑写有"桥陵龙驭"四个字。黄帝是中华民族的"树根"，是华夏儿女的"先祖"，是炎黄子孙的"起源"。在这万古松柏树林中，可见成千上万的中外华人，怀着崇敬之意，默默走向桥山之巅，点香、烧纸、鞠躬、下跪、祭祖。

一天行程紧紧张张，顶着星光，返回延安。

延安，是人们向往之地，这是我第三次来，每一次来都有不同的感受！

延安，红色印记令人敬慕！

延安，自然景观独特神秘！

延川：梁家河、乾坤湾到红军东征遗址

迎着初阳，朝霞满天。

灿烂的天空，更新又一天行程。

从延安东行，过甘谷泽进入延川县地域。

黄河国家文化公园（延川段）立足文化、生态、红色旅游和特色产业，助推乡村振兴。

半小时车程来到文安驿镇梁家河村。

◆ 梁家河

梁家河，是当年知识青年下乡之地，为"中国传统村落""中国最美乡村"。

进村后，首先映入眼帘的是一幅红色条带上写着的 16 个字：陕西是根 延安是魂 延川是我第二故乡。

漫步在村街上，房屋错落有致，依山而建，保持了古老的建筑。

我们随便走进一户人家，了解他们脱贫致富的情况。之后，他又把我们领进房间参观。

◆ 知青旧居

　　另一家院落挤满了参观的人群，院落中的电视机不断播放脱贫攻坚的视频。

　　这里，还有一面"知青墙"，上面登记着知青们的名字。在此，我参观了知青住过的窑洞和活动过的场所。

　　带我们参观的村干部介绍说："1969年1月23日，北京1300多名知识青年来本县落户插队，他们搭乘知青专列，从北京驶往陕北，一天一夜后，抵达陕西铜川站，然后换乘汽车，穿越黄土高原上的千丘万壑，来到延川。1970年，村里为知青砌了6个并排的新窑洞，被叫作知青院。知青们在梁家河生活了7年之久。"

　　接着，这位村干部说，知青们在这里生活、劳动习惯了，与梁家河建立了深厚的感情。当知青们离开梁家河时都依依不舍。

　　在自来水旁，一位老大娘正在洗菜，她说现在不用水窖了。西北农村过去普遍打水窖，水是家家户户的命根子。在陕北用水，水舀出来，

◆ 知青墙

先舀一缸子准备刷牙，然后洗头洗脸再洗脚。

从梁家河，我又赶到乾坤湾。

当我第一次面对乾坤湾时，望着那黄河大拐弯，一下子被震撼了，简直太壮观了！那黄河的一脉水流，那弧形的河中半岛，那周边的群山，绘出一幅巨大的山水墨画！

我曾经去过浑江大拐弯，去过怒江大拐弯，去过雅鲁藏布江大拐弯……但，面前的乾坤湾大拐弯却与之前的不同，主要是这个大拐弯既壮观又秀美！

这就是著名的"天下黄河第一湾——乾坤湾！"

乾坤湾为什么命名"乾坤"？我当场就查询了"乾坤"两字及词组。据历史记载："乾，为天也。八卦之一，乾形代表天；坤，八卦之一，代表地。"乾坤，中国古代哲学的一对范畴；乾坤，指天地或阴阳两个对立面。

乾坤湾

黄河乾坤湾处在延川县土岗乡小程村和伏义河村一带。在此形成了一个"S"形大拐弯，成为陕西延川、山西永河两县的天然界河。

在永和那边，黄河流经永和68千米，自北而南形成英雄湾、永和关湾、郭家山湾、河浍里湾、白家山湾、仙人湾和于家嘴湾七个大湾。

而在延川县这边，沿黄河由北而南依次是：漩涡湾、延水湾、伏寺湾、乾坤湾、清水湾等五大湾。

两岸统称"天下黄河第一湾"乾坤湾！

把这里的湾命名"乾坤"，是古时候的杰作。相传远古时，太昊伏羲氏在这里"仰则观象于天，俯则观法于地，观鸟兽之文与地之宜，近取诸身，远取诸物，于是始作八卦，以通神明之德，以类万物之情"。伏羲正是看到这条河湾，以象取义，才画出了太极图。

在延川县，我驱车去永和县城西35千米的南庄乡的永和关。

永和关是历史悠久的黄河渡口，也是西去陕西的交通要塞。这里曾是永和旧县城的遗址。我先后去了城墙、烽火台、禹王磴、守关犬、前城坪、后城坪等遗址。这里还有妙趣天成的危岩奇石、数千米的风雅长廊，与关门楼、吟诗亭、红军崖、望河楼等相互辉映。

在永和县，我从县城出发驱车40千米，去阁底乡东征村参观了红军东征永和纪念馆。1936年2月20日至5月5日，毛泽东主席、彭德怀

◆ 乾坤湾

总司令率中国人民红军抗日先锋军进行了著名的渡河东征，壮大了红军力量，促进了抗日民族统一战线的形成，推动了抗日救亡运动的发展。

日落霞光照，我又返回延川地域，住在黄河西岸。入夜，隔窗外望，滚滚黄河水源源不断，流向远方！

佳县：《东方红》诞生地·白云山·香炉寺

不止步，不停歇。离开延川沿黄河继续北上……

抵达绥德县，黄河支流无定河穿过该县。

绥德，历史上秦太子扶苏、大将蒙恬、昭君出塞、文姬归汉、汉武巡边都从这里经过，是抗金名将韩世忠的故乡。

秦始皇的大将蒙恬含冤长眠在绥德县，碑文曰："春草离离墓道侵，

◆　沿途黄土高坡窑洞林立

千年塞下此冤沉。生前造就千支笔，难写孤臣一片心。"

史书记载："秦统一中国后派蒙恬率兵 30 万与监军扶苏驻守上郡，修直道、筑长城、逐匈奴，战功卓著。一天，蒙恬忽接秦始皇遗诏，立少子胡亥为太子，并斥扶苏与他诸多罪名，赐其二人自尽。蒙恬听令后，分别揪下一撮狐尾狼毫，束于木杆，蘸其唾液，随即撕下袍袖，咬破手指，饱蘸热血，痛心疾首，匆匆草成奏章一折，毅然自刎身亡。"

自此，后人称蒙恬发明了毛笔。

过绥德再沿黄河支流无定河北行不远就是米脂县。史料载：米脂素有"美人县"之称，中国唯一的"美人县"竟出自中国的"千年古县"米脂县。"米脂出美女"！一首"米脂婆姨"的民谣红遍神州，还有一部《米脂婆姨》电视剧传遍大江南北。

貂蝉是米脂县人，为此当地宣传力度也很大。我查了资料，关于貂蝉是哪里人，说法不一。

米脂县处在黄河支流无定河边，距黄河主河道40多千米，气候、地理、饮食等造就美人居多，包括美男子。

米脂县有一个貂蝉湾，处在县城西20千米的杜家石沟乡艾好湾村北山顶，湾内四周低凹，中间有高约三十米的奇峰突兀而起，壁立中心

米脂县街道宣传牌

剧场升级 / 场景再造
30年经典 / 华丽回归

传统

米脂婆姨绥德汉

MI ZHI SUIDE

峰下离地面约一丈高处有一山洞，言说貂蝉就生于斯，长于斯。山洞阔三尺，斜下穿入，深不可测。

貂蝉离我们一千七百年，似乎她的风度尚存，踪迹犹在。貂蝉洞流淌出"物华天宝，钟灵毓秀"的古银州米脂，道出"米脂婆姨绥德汉"的声响。

当从米脂进入佳县地域，车上响起《东方红》歌曲……

东方红，太阳升，

中国出了个毛泽东。

他为人民谋幸福，呼儿嗨哟，

他是人民大救星

……

在佳县的路上，当地司机不断播放《东方红》，红歌在黄河边飘扬、飘荡……

进入佳县县城，满眼是"东方红"的标识，什么东方红公司、东方红商场、东方红歌厅、东方红画廊……

东方红，简直成了佳县的符号、名片、标签！

《东方红》诞生地的窑洞

◆ 远眺毛主席当年在佳县走过的路

原来，佳县是颂歌《东方红》的故乡、诞生地。《东方红》的词作者李有源就是在这里的窑洞中创作出《东方红》的。

《东方红》，作为毛泽东时代的颂歌，传遍大江南北、长城内外，成为一个时代的深刻记忆。

既然来到佳县，何不去看看《东方红》的诞生地呢？何况这里还是毛泽东率党中央转战陕北时生活战斗过的地方。

为此，我佳县采风的第一站为佳县的红色基地。

我乘车离开佳县县城北行 3.5 千米，到达佳芦镇张家庄村，走向村的北坡，看到了一排窑洞，右边第一洞就是《东方红》作者李有源的故居。看上去，这是一个很平常的土窑洞。李有源作为村里的一个普通农民，一个地地道道的放羊娃，就是在这里创作了《东方红》，一下子红遍神州大地。

这时，我问陪伴的村干部："李有源当时写《东方红》的灵感来自哪里？"

村干部说："1935 年 10 月，毛泽东率领中央红军长征到达陕北，在当地开展大生产运动。1942年初冬的一个早晨，李有源挑桶进城的路上，他见到一轮红日喷射升起，情不自禁地，想到了毛主席给人民带来光明，于是有感而发，写出了《东方红》。"

在窑洞，村干部又介绍说："李有源1903年出生在一个贫苦农民家庭。他家祖祖辈辈揽工租田过日子，李有源13岁放羊。"

村干部接着讲："李有源作为农民歌手，少年时在外婆所住村庄的冬书房学过《百家姓》《千字文》《三字经》。此后，利用去县城挑粪的机会，到县立小学旁听课文，他演唱的民歌、秧歌，深得教师喜爱。因家境生活艰难，还是以放羊维持生计。直到家乡闹革命才真正翻身，尤其是毛泽东等领导来到这里对他影响极深。"

从李有源故居出来，转身到了佳芦镇的神泉村，顺势参观了佳县神泉堡革命纪念馆，此地距县城7千米。

走在展厅，仰望着图片、实物，讲解员详细介绍说："1947年，毛泽东、

◆ 白云山云梯

◆ 真武大殿

周恩来、任弼时、陆定一等老一辈革命领导人率领党的中央机关转战陕北，在佳县生活、战斗过 100 个日日夜夜，指挥了著名的沙家店战役。这期间毛泽东起草并发表了《中国人民解放军宣言》《中国人民解放军总部关于重新颁布三大纪律八项注意的训令》《中国土地法大纲》等一系列重要革命文献，发出了'打倒蒋介石，解放全中国'的伟大号召。"

在佳县采风的第二站是白云山。

白云山处在佳县城南 5 千米处的黄河岸边，是中国西北地区著名的风景名胜区和道教圣地，为国家 AAAA 级景区。

去往的路上，向导介绍："黄河从神木县与佳县交界的秃尾河口入境，经朱家坬、佳芦镇、木头峪、坑镇、螅镇 5 个乡镇，由螅镇出境流入吴堡县。境内流向由北而南。过境流长 81.75 千米，是佳县与山西省临县的天然界河。"

瞬间，来到了白云山下。仰望着宏伟的古建筑群，不禁感叹：这是祖国的一宝啊！

走进白云山道观建筑群，感受它的深奥。这个始于宋元的古庙宇，仅殿堂就有 54 处，总面积 12.1 万平方米。

信步于古建筑群，那上千幅的壁画、上百块的古碑，还有明万历四十六年神宗皇帝亲颁圣旨一道、御赐道藏 4726 卷和石狮、古钟、旗杆、浮雕、石刻等珍贵文物，都是国务院公布的国家重点保护文物。

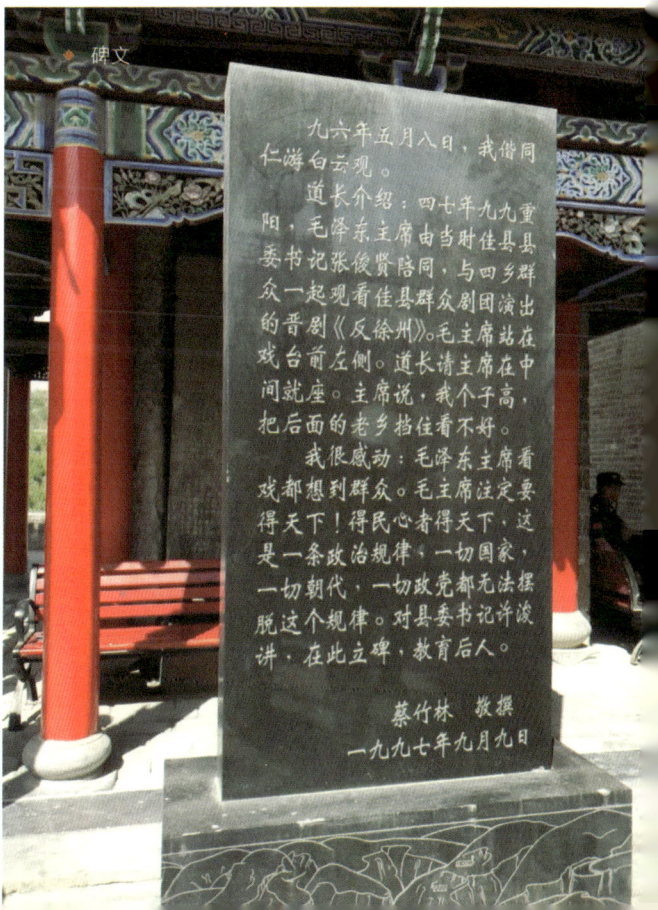

参观中，看到白云观建筑群坐北向南，西倚大山，东濒黄河，道教文化博大精深。身边的讲解员介绍说："每年农历三月三日（真武祖师诞生日）及四月八日、九月九日，道观举行宗教活动，特别是四月八传统庙会，十多万人云集。2007年，白云山道教音乐被国务院公布为国家级非物质文化遗产。"

讲解员说完后，特意带领大家来到一座石碑前，接受教育。原来，这是记述毛泽东主席看戏的一段故事。碑文上写道：

九六年五月八日，我偕同仁游白云观。

道长介绍：四七年九九重阳，毛泽东主席由当时佳县县委书记张俊贤陪同，与四乡群众一起观看佳县群众剧团演出的晋剧《反徐州》。毛主席站在戏台前左侧。道长请主席在中间就座。主席说，我个子高，把后面的老乡挡住看不好。

◆ 香炉寺建在黄河边独根石柱上

我很感动：毛泽东主席看戏都想到群众。毛主席注定要得天下！得民心者得天下，这是一条政治规律，一切国家，一切朝代，一切政党都无法摆脱这个规律。对县委书记许浚讲，在此立碑，教育后人。

　　蔡竹林 敬撰
　　一九九七年九月九日

从白云观下来后，一直感慨不虚此行。

接着去佳县最后一站"万里黄河第一奇"香炉寺。

从佳县县城东行百米就是香炉寺，近在咫尺。当爬上香炉峰峰顶，环顾四周，三面悬崖峭壁，东边就是黄河。因峰前有巨石矗立，与主峰间隔 2 米，形似香炉而得名。

穿行于香炉寺，看到始建于公元 1583 年的古寺，地势非常险峻，特别是那炉石，凌空而起，且断桥更加惊险。

行走中，俯瞰滚滚黄河，胆战心抖！

寺院的西部分与山城相连，之中有龙王庙、娘娘庙、寄傲亭等。东边的一根巨石，凌空而起。徜徉于攀登香炉峰顶的观音小庙、天桥，综观一泻千里的滔滔黄河，别有洞天！

晚上，有幸观看一场有陕北特色的文艺节目。

◆ 香炉寺悬挂着毛泽东视察黄河的照片

一曲信天游雄浑高亢余音绕梁……

榆林：从红石峡、镇北台看毛乌素沙漠

汽车在黄土高原上行驶，向着榆林市进发……

窗外，沟沟岔岔，排排窑洞，滚滚黄河，典型的黄土高原景象。

黄河国家文化公园（榆林段）建设提出"一廊、一核、五组团"的布局。一廊：复兴之路沿黄文化演绎长廊（黄河一号公路），一核：陕北风光度假景群，五组团：沿黄百里画廊景群、黄河金三角景群等。打造一条完整的黄河观光公路，以县域为主体构建六大景群组团，对外亮出黄河院子、黄河号子、黄金峡湾三张榆林旅游名片。

◆ 榆林老街镇远门

榆林处在黄河支流榆林河畔。

榆林，原来这里北部是著名的毛乌素大沙漠。据了解，黄河的多数泥沙来自榆林地区的黄河支流。

在榆林市，我首先去了古城。

榆林地处黄河河套之南黄土高原与草原的接壤区。其城东依驼峰山，西临榆溪河，南带榆阳水，北镇红石峡，榆林古城明代列为九边重镇之一。

榆林古城是中国最具潜力的十大古城之一。

在向导带领下，走进古城。我看到城墙保存较完整，东、西城墙长2200米，南、北城墙长1100米。

"大漠藏珍" 牌楼

鼓楼

向导介绍，历史上榆林是首都北京的安全战略屏障，是全国唯一由皇帝钦定城墙高度可以超过北京的城市。

沿古街而行，目光中，楼阁相望，衙署相连，还有皇帝行宫，即凯歌楼，修得玲珑别致。

城内外至今仍保存有很多古迹名胜，其中以星明楼、凌霄塔最负盛名。星明楼坐落在榆林南街上，当地称为鼓楼。明武宗驻跸榆林时高兴地对随从说："榆林真乃小北京也！"

榆林城历史上具有重要的战略地位，是军事要地。我军第一次榆林战役是 1947 年 7 月，彭德怀指挥，攻城未成。1947 年 10 月，中国人民解放军发动了第二次榆林战役，也没有攻下。榆林城虽未攻克，但达到了调动胡宗南集团主力北上，配合陈谢兵团南渡黄河行动的目的。后来，在我军的强大攻势下，榆林守敌溃败，古城解放。

之后，驱车北行来到郊外大漠中。

陪同采访的林业局的同志不断地讲述着历史上"沙"的危害……

榆林地区窟野河、秃尾河、榆溪河、定河、芦河、红柳河、大理河等十多条河流直接流向黄河。

周武王时期，这里是水草丰美之地，因此有"驱逐严允于泾渭之北"的说法，黄河因而百年而无水患。

春秋战国时期，"龙门、碣石北多马、牛、羊、旃裘、筋骨"，说明榆林森林资源丰厚，黄河百年水患仅为 0.4 次。

秦始皇时期"移民实边"开垦土地，黄河百年水患 5.5 次；汉武帝两次进驻榆林"徒民守边"拓展疆界砍伐林木，黄河水患增至百年十次有余。

唐朝时期榆林已是"十月夏州大风，沙滩高及城堞"，因沙害致使黄河百年水患增到 20 次。

北宋时期已是"溃沙急流，漫浅不定"，统万城被沙吞埋，黄河水患升到百年 35.7 次。

明朝时期垦荒伐木加剧，"墙内之地悉与屯垦，岁得粮六百万石有奇"，墩台掩埋在沙流之中。

清代康熙下令百姓大肆垦种"伙盘地"，黄河水患又增到百年 189 次。

到民国时期，沙进人退步步逼近，黄河水患达百年 421 次……

从一代代砍伐，一串串数字可以看出，毛乌素沙漠的形成是人为造成的，今天肆虐的风沙和水害是大自然的报复。它警示人们，保护生态环境人人有责，决不能为了一世一时利益无尽无续地砍伐，否则会遭到大自然的无情惩罚！

黄河国家文化公园（陕西段）的建设和保护包含了毛乌素沙漠。黄河流域生态环境脆弱，首要任务是保护。黄河源生态系统总体呈退化趋势，未来气候变化将进一步加剧这种趋势。尤其是黄土高原，仍有约 20 万平方千米水土流失区待治理，部分河湖萎缩、地下水位下降，水土保持与生态环境修复面临重大挑战。为此，榆林地区的沙地改造任务艰巨。

改革开放以来，榆林地区的人民下大力气开展了大规模的治沙种草造林活动，大见成效。更值得赞扬的是榆林百姓发明创造了一种"草绳固沙法"，即将麦草拧成草绳压放到沙地上，既可防风又可治沙。

在毛乌素沙地，又驱车来到"红石峡"。

在红石峡进门处，立有石头牌匾，上面刻着"榆溪胜景"四个字。

进去后，只见石壁上刻有很多字，最大的一处为"山河巩固"，字迹清晰，且为繁体。还有"还我河山"引人思考……

黄河支流清水河，流经红石峡，石峡因由红砂岩构成，故名红石峡。当我来到这里，被两侧红色岩壁所吸引，峡谷势如刀削，高 10 余米，凿石窟 44 处。窟中，大都供奉着一些传说人物。

据碑石记载，此处曾是宋元间一所名刹，叫红山寺，系由西夏二国王的陵墓建成。随着历史的变迁，今人称之红石峡。

"还我河山"四个大字引人思考……

◆ 红石峡

石壁上有许多古人题字题词。几百年来，红石峡曾名冠边塞，不少达官文人来到榆林，必先到这里吟诗作赋，偶有佳句丽章，便把它镌刻在石崖上。

接着，又行车去了镇北台，这是明代长城遗址中最为宏大、气势最为磅礴的建筑物之一，素有中国长城"三大奇观之一"，和"万里长城第一台"之称。

进镇北台后，我先后去"不到长城非好汉"石碑、"万里长城第一台"石刻、千年松、古井，之后爬上台顶。

镇北台的台呈方形，共4层，高30余米。

站在镇北台之顶远眺，我看到了沙地植物园、沙漠运河、沙渠、榆卜界沙漠、秦长城和无边无际黄土丘陵及毛乌素沙漠。一片片沙丘，茫茫而去。

望着沙地，想到这里的人民坚忍不拔的治沙精神可歌可泣，特别是共产党人，为了治理黄沙流汗、流血，甚至献出生命，血的代价换来绿色生命！

瑞典生物专家莉莎小姐来到榆林沙海中看到栽种成功的沙柳连声赞

◆ 踏访"万里长城第一台"

叹！澳大利亚治沙专家约翰·芬维克在榆林沙地留下了惊叹！

离这里不远处的子午岭，历史上轩辕黄帝曾东征蚩尤，开基业，种五谷，育子民，创华夏五千年文明史。然而历史上的兵火战乱，毁林开荒，一座座秀美的山川被劫得千疮百孔。

国家退耕还林的号召发出后，这里同样弹奏出一首绿色交响曲。而这里的造林方略是植沙棘树，造经济林，一方面富裕百姓，另一方面恢复生态环境，实为两全其美。

此时，我好像又听到《黄土高原》的歌声：

我家住在黄土高坡，四季风从坡上刮过。

不管是八百年还是一万年，都是我的歌我的歌。

……

最后，我又专程去榆林地区管辖的靖边县，观看了波浪谷、龙泉丹霞、红沙峁丹霞及古长城遗址。

榆林，毛乌素沙漠呼唤绿色阻挡风沙！

榆林，生态建设迫在眉睫任重而道远！

◆ 走进陕北人家听乡村振兴

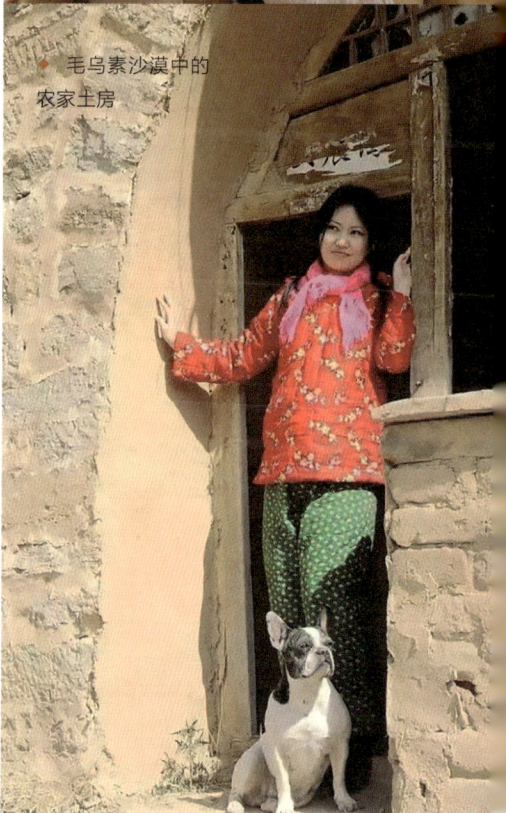

◆ 毛乌素沙漠中的农家土房

神木：一个神秘神奇之地

离开榆林，沿着毛乌素沙漠中的长城继续北上。

窗外，依然是茫茫的大漠！

眺望，毛乌素沙地的继续！

汽车上，又在播放《黄土高原》……

汽车继续穿行在黄土高原，只见那秃山秃梁，干枯的河床，在烈日下似是被烤干烧焦。黄土高原的农家土房、窑洞散落在黄岗、土窝。伴着歌声，望着眼前荒芜、干苍的景况，真正感受到治理荒漠的紧迫性和责任感！

黄土高原涉及陕西、甘肃、宁夏等省区。从榆林黄坡到定西沟壕，从延水流到渭河两旁，居住在黄土坡上的人们在这里繁衍生息，世世代代饱经风沙的袭击。这里的自然环境十分恶劣，生活条件十分艰苦，遇到旱年有时只能靠外出打工。

路上与老农交谈黄河水的利用

这些年来，党中央扶贫政策走进千家万户，已经摘掉了贫困帽子，现在正进入乡村振兴的建设之中。

路上我遇到老者，他向我介绍："我们这里过去是较困难的地方，人多地少，旱地多，水地少，我们一个人二分地，所以打工的多。现在国家的政策很好，我们不愁吃穿。"

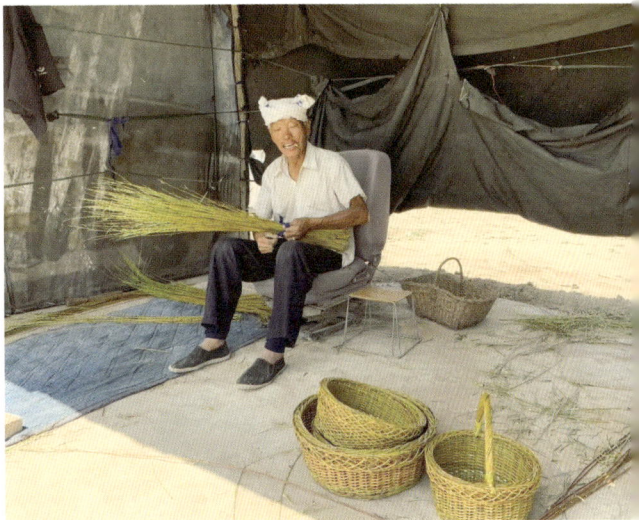

◆ 编织老农谈乡村振兴

途中，我还见到一位编织者，他说今年大旱，做起了编织的生意。他认定国家的乡村振兴非常棒。

旁边一农民说："黄土一眼看去特别荒凉，没有草，找不到一点绿色，让人第一感觉是在这个地方根本没有办法生存。现在脱贫了，感谢党中央！"

种树种草，绿化黄土高原，都在国家开发计划之中，而且是重点。

黄土高原在呼唤，住在黄土高坡上的人们在企盼。我们相信，借改革开放的春风，治理黄土高坡，改造黄土高坡，在不远的将来，黄土高原一定能长出茂密的树林，鲜嫩的绿草……

汽车一声长鸣——

神木市到了！

神木，处在窟野河边，它是黄河的支流。

神木历史悠久，县志载：石峁遗址是史前最大城址，为4000多年前中国北方及黄河流域的文明中心，历史上一直是守卫中原、抗击外夷的边关前哨，素为"南卫关中，北屏河套，左扼晋阳之险，右持灵夏之冲"

的塞上重地。

为什么叫神木？《神木县志》记载："县东北杨家城，即古麟州城，相传城外东南约四十步，有松树三株，大可两三人合抱，为唐代之物，人称神木"。

在神木，李先印先生陪同我首先去了黄河边。黄河，像雄狮脊背穹起，腾晋陕峡谷，自北向南流经神木市马镇、沙峁、贺家川、万镇四镇，流长98千米，流域面积达879平方千米。中国的"一号公路"——沿黄公路贯穿南北，形成了一条兼具生态、观光、旅游、文化、城镇发展诸多功能的经济带。这里沿途有天台山、西津寺、河津寺、凤凰山多处旅游景点。白墙黛瓦的村舍、蜿蜒磅礴的道路、层峦叠嶂的山峰、奔流不息的黄河交相辉映，宛如人间仙境，美不胜收。神木市依托沿黄地区独特的地理优势，结合乡村振兴战略、农业主导产业培育和全域旅游资源开发建设，全力打造神木沿黄生态经济带。

二郎山

在神木，我选择了二郎山，体味它的雄秀。我从神木市出发西行一千米来到目的地二郎山。

据了解，公元 1518 年武宗皇帝去神木时曾来此山，他观山状如似笔架，所以御批此山"笔架山"。

攀登二郎山，首先看到"骆驼头"上"二郎山"三个大字。

沿着陡峭的 360 多级石阶拾级而上，登至 320 多级便是山半月门牌楼。正面刻有林则徐诗："海到无边天是岸，山登绝顶我为峰"，额"一山无峙"，背面是"欲上青天揽明月，更倾东海洗乾坤"，额"锦绣河山"。

过了山半月门牌楼，第一处建筑是八仙洞，洞内原有八尊塑像。

穿地藏洞，沿着"骆驼头上"的"之"字形曲径再往上，便是浩然亭，此亭建于 1937 年，1939 年仲秋抗日将领何柱国邀请热血志士在此共誓抗日决心，并亲笔为亭额题写"天地正气"四个苍劲有力的大字。

顺"骆驼头"北上，有二郎庙、水母宫、诸神殿。

诸神殿后有韦驮阁、三教殿。三教殿在二郎山第一峰巅，穿廊叠檐，别致典雅。

殿前生有一树，枝柯斜出，似在热情地向游客挥臂招手。殿内供奉儒、佛、道三教始祖孔子、如来、老子，东西两面墙上有九龙山和二郎山全景壁画。

在二郎庙，印象最深的是正殿、钟鼓楼。正殿三架梁带前廊，硬山顶，东、西墙壁均有清道光十五年所绘画"矣云轶事图"，正壁有 14 小幅国事"山水图"。大门外为明代砖雕照壁，悬山顶，正面雕刻"虎啸图"，背面雕刻"九龙戏水图"。

在神木，李先生带我去了石峁遗址。

石峁遗址位于高家堡镇洞川沟附近的山梁上，地处黄河支流秃尾河及其支流洞川沟交汇处。20 世纪七八十年代以来，开展小面积发掘，发现一批极具特色的陶器和百余件精美的玉器。使这座沉睡几千年的古城

◆ 石峁遗址

复活。令人震惊的考古发掘成果：石峁城址建于龙山时代晚期至夏代早期，由外城、内城和俗称的"皇城台"组成，其规模超过 4 平方千米。

石峁遗址讲解员说："发掘出了不少的玉器。玉器形制多样，而且色彩绚丽，有黑、青黄、红、深绿、碧绿、紫、灰、白等多种颜色；玉质温润缜密，光泽灿然，晶莹可爱。"

讲解员介绍："这些玉器属于玉礼器，在同类遗址中实属难得。从 20 世纪二三十年代开始，外国人就在当地农民手里收购石峁玉器，目前有很多收藏在欧美、日本的一些博物馆、美术馆中。据不完全统计，近一个世纪间，流失到海内外的石峁玉器多达 4000 余件。"

石峁遗址发现的石雕作品中有类似太阳图腾的东西，也有蟾蜍浮雕，有一件石雕人头是当时的祖先崇拜物。体现出陕北先民对祖先的敬畏和原始朴素的观念。

◆ 电影《侠路相逢》宣传牌

一部献给 黄河 与 石峁 的电影

侠路相逢

◆ 高家堡古城门

结束参观时，讲解员说："一座四千年的城池，在沉睡了几十个世纪之后被发现，它的未解之谜很多很多……"

在石峁遗址旁，有一个宣传牌，上面写着：一部献给"黄河与石峁"的电影《狭路相逢》，不少人在观看。

原来，这个地方拍摄过电影。

说到拍摄电影，李先印先生讲："附近的高家堡，还拍过电视剧呢！"

我急切地问："什么电视剧？"

李先生："《平凡的世界》《鬼吹灯之龙岭迷窟》等。"

对此，我很感兴趣，决定去看看。

接着我们走进高家堡。高家堡古城位于秃尾河东岸，西北距明长城约5千米。是陕北四大名堡（另三堡为镇川堡、瓦窑堡和安边堡）之一。

李先生介绍："城池始建于1439年，原隶属葭州，乾隆二十七年即1762年，划归神木。古城平面呈长方形，东西墙均长311米，南北墙均431米。城墙上部建有1米高的女儿墙，间有垛口、瞭望洞。北城头修有三官楼，东南角建有魁星楼。另东、南、西墙各辟一券门，并筑有瓮城。"

走在古街，看到城内街道以"中兴楼"为轴心向外辐射。高家堡古城是榆林市乃至整个陕北较为完整的一座城堡，有独具特色的保护价值，为国家历史文化名镇。

沿街而行，目光中都是古建筑，还有革命遗迹。

原来，神木是著名的革命老区，早在1927年就创建了党组织，1934年创建红色政权，开辟神府革命根据地，

高家堡古街

当地腰鼓

成为我党在全国保存下来为数不多始终未被敌人清剿的红色根据地之一。在这块光荣的土地上曾发生过无数可歌可泣的红色故事，张闻天、贺龙、刘志丹、马文瑞、乌兰夫、华国锋以及国际友人白求恩都曾在这里生活和战斗。

这是我第二次来神木。第一次是 1993 年 1 月，我作为特派记者采访"西煤东运"工程，写了《跨世纪特大工程神黄铁路开工》。

在神木采风，让我不由自主想起了当年来到这里采访的日子……

27 年前，我作为特派记者来到神木采访"西煤东运"工程，这项工程与三峡水利工程、南水北调工程并称为"跨世纪特大工程"，其中西煤东运新通道贯穿我们河北省。

那么西煤东运新通道这一跨世纪特大工程的规划、进展如何呢？

西煤东运新通道又称神府煤炭外运通路，西起陕西的神府煤田，横穿山西、河北，直至渤海之滨的黄骅港，全长 856 千米，其中神朔段长 270 千米。新批立项的是朔港铁路，从朔县接轨，经宁武西、原平南、东回舍、肃宁、河间、沧州至黄骅港，长 586 千米。这条新通道主要以运输神府煤炭为主，运至黄骅港后装船，再运到东南沿海等地。

为支援这一跨世纪特大工程，积极配合国家西煤东运新通道的建设，自 1984 年以来，陕西、河北省委、省政府派出 200 多名专家学者，投入了黄骅港、朔黄铁路的前期工作。

有时候，回忆也是一种享受！现在回味神木，感慨很深。

"敕勒川，阴山下。天似穹庐，笼盖四野。"黄河内蒙古段长约830千米，占黄河总长度的六分之一。这里有河套平原、黄河上中游分界碑、成吉思汗陵、昭君墓、大召寺、阴山岩刻、二黄河、三盛水利枢纽工程、阿拉善沙漠等。内蒙古共8个黄河国家文化公园项目，分别是内蒙古黄河大峡谷文化旅游景区项目（在呼和浩特市清水河县、鄂尔多斯市准格尔旗）、包头黄河湿地国家文化公园项目、鄂尔多斯非物质文化遗产馆非遗改造项目、乌海市黄河文化博物馆、包头市曲艺非物质文化遗产（二人台艺术展演厅）建设项目、呼和浩特市和林格尔土城子国家考古遗址公园、包头剪纸展示馆建设项目、包头市美岱召村综合提升改造工程。

第五章

内蒙古段：黄河河套『几』字形弯穿越

鄂尔多斯：黄河峡谷·成吉思汗陵·库布齐沙漠

风沙阵阵……

尘埃飞扬……

出陕西神木市继续北上，过赵匡胤故居、鸡鸣三省之地、黄河入陕第一湾，车行半小时直插内蒙古自治区的鄂尔多斯。

内蒙古，是我黄河溯源走进的第五个省区。鄂尔多斯，是沿黄河采风的第一站。

黄河国家文化公园（鄂尔多斯段）建设主要有黄河大峡谷文化旅游景区项目、鄂尔多斯非物质文化遗产馆非遗改造项目。

当进入鄂尔多斯地域时，司机乔师傅很快切换了带有内蒙古风情的歌曲，听着音乐，眼前呈现的景象仍然是大片大片的沙漠戈壁，时而是

◆ 去往内蒙古途中过鸡鸣三省（山、陕、蒙）之地

◆ 陕、蒙接壤处的赵匡胤故里

黄沙撒满的山岗，时而是荒漠遍布。

这里是鄂尔多斯的南大门！

黄河峡谷

进入鄂尔多斯，我去的第一站是准格尔旗，首先到达黄河边的魏家峁镇杜家峁村，这里是著名的黄河大峡谷。眼望滚滚的黄河，听讲解员介绍。

黄河大峡谷旅游区位于蒙晋陕黄河大峡谷准格尔段，是蒙古高原与黄土高原的交接地，黄河流经这里的山川峡谷之间，河出其间，九曲回折，如巨龙蛇行，形成了壮美的"几字弯"。

峡谷全长 197 千米，左岸为吕梁山脉，右岸为黄土高原北麓，山高峡深，由于下游万家寨建设一座大型水利枢纽，使这里形成独特的峡谷景。

最精彩的一段峡谷北起准格尔旗薛家湾镇城坡，南至龙口镇小占，水域长 80 多千米，是黄河流域上很具有特色的峡谷地貌，是中国十大峡谷之一。2018 年，被评为国家 4A 级旅游景区。

　　峡谷边上的杜家峁村被评为第三批中国传统村落。

　　如今又新增了崖壁秋千、悬空玻璃观光平台、玻璃水滑道、步步惊心吊桥、蹦蹦云及无动力乐园、冰雪两用气垫船等旅游项目。

　　在现场看到，这里很多地方正在施工，据讲解员介绍，内蒙古准格尔旗依托黄河峡谷，正在开发库布齐沙漠、黄土丘陵砒砂岩、阿贵庙原始次生林，加大开发黄河峡谷旅游力度，还有油松王旅游区、黑圪崂湾湿地沙漠观光旅游区和暖水砒砂岩生态旅游区、黄河之夜风景区、跨河索道工程等，再加上人文景观如藏传佛教圣地宝堂寺、王爷府、古长城等文化古迹等，加大推进黄河峡谷旅游区的建设。

　　准格尔黄河大峡谷，确实值得一看！真的让人感叹！景区以广袤的黄河峡谷为底色，以浑厚的黄河文化为依托，以漫瀚文化为品牌，打造黄河峡谷休闲度假旅游目的地，形成了"大成陵—大草原—大沙漠—大峡谷"内蒙古自治区中西部精品旅游线路。

　　又上路了。

　　途中，司机乔师傅介绍，鄂尔多斯处在黄河河套环绕之地，之中有著名的库布齐、毛乌素两大沙漠。库布齐沙漠北临黄河，面积1万多平方千米，呈东西条带状分布；毛乌素沙漠地处鄂尔多斯市腹地。

旧地重游，别有感慨。这是我第二次到鄂尔多斯。

陪同采访的区林业局任处长是河北人，他已在这里奋斗了二十多年。任处长说，内蒙古全区面积110万平方千米，占国土面积的11.9%。内蒙古不仅仅有毛乌素沙漠，这里还有著名的乌兰布和、腾格里、巴丹吉林等大沙漠，其中沙地戈壁19万平方千米，沙漠面积10万多平方千米，是刮向北京、华北沙尘暴的主要策源地。同时，沙流也注向黄河。

接着，任处长介绍了全区治理荒漠遏制沙尘暴建设生态环境的情况。任处长介绍，内蒙古治沙造林种草可以说全民皆兵，全区投入了很大力量，但治理任务相当艰巨，只能分期、分段、分批治理。

汽车继续北上，车窗外会看到山谷中独特的沙漠草原，这里为鄂尔多斯地区典型的地貌，草原加沙漠。

◆ 黄河大峡谷

"鄂尔多斯"蒙语意为"宫帐",是以一代天骄成吉思汗"八白帐"得名。行车中,突然看到不远处宏伟的建筑群,原来是成吉思汗陵。

成吉思汗陵

站在一个土丘上,眺望成吉思汗陵,那陵宫的大殿金碧辉煌,似翱翔天宇、搏击长空的雄鹰,在俯瞰这片苍茫大地。

那栩栩如生、气势恢宏的铁马金帐群雕令人敬仰。

那供奉苍天圣物、无敌战神的苏勒德祭坛,那样神圣。

寓意吉祥的额希哈屯殿,体现成吉思汗戎马生涯缩影的铜马广场,象征草原文化与中原文化完美融合的山门牌楼,象征九十九重天,吉祥福禄的九十九级台阶,底蕴深厚、内容丰富的历史文化展厅等,充分展示成吉思汗这位伟人的赫赫功绩,象征着成吉思汗所向披靡,勇往直前的精神,同时也再现了蒙古族波澜壮阔的历史画卷。

在此,参观成吉思汗建筑群,回顾那一段历史。

陵园占地面积约 5.5 公顷,主体建筑由三座蒙古式的大殿和与之相连的廊房组成,建筑雄伟,具有浓厚的蒙古民族风格。建筑分正殿、寝宫、东殿、西殿、东廊、西廊 6 个部分。

成吉思汗陵的主体是由三个蒙古包式的宫殿一字排开构成。三个殿之间有走廊连接,在三个蒙古包式宫殿的圆顶上。

正殿高达 26 米,平面呈八角形,重檐蒙古包式穹庐顶,上覆黄色琉璃瓦,房

◆ 成吉思汗陵

◆ 成吉思汗纪念碑

檐则为蓝色琉璃瓦；东西两殿为不等边八角形单檐蒙古包式穹庐顶，亦覆以黄色琉璃瓦，高23米，整个陵园的造型，犹如展翅欲飞的雄鹰，极显蒙古民族独特的艺术风格。

正殿正中摆放成吉思汗的雕像，高5米，身着盔甲战袍，腰佩宝剑，相貌英武，端坐在大殿中央。塑像背后的弧形背景是"四大汗国"疆图，标示着700多年前成吉思汗统率大军南进中原，西进中亚和欧洲的显赫战绩。

工作人员介绍，成吉思汗陵是蒙古帝国第一代大汗成吉思汗的衣冠冢。由于蒙古族盛行"密葬"，所以真正的成吉思汗陵究竟在何处始终是个谜。现今的成吉思汗陵经过多次迁移，直到1954年才由青海的塔尔寺迁回故地伊金霍洛旗。

库布齐沙漠

在戈壁荒滩继续北行，司机的话题仍然是鄂尔多斯。

鄂尔多斯的羊绒衫名扬天下，而出产的煤炭开采潜力也很大，尤其是钍矿作为原子能工业的核燃料十分珍贵。为此，鄂尔多斯的燃气开发前景广阔，难怪有人说鄂尔多斯是：扬（羊）、眉（煤）、吐（土）、气。而鄂尔多斯的沙漠，也很有看点。

过鄂尔多斯市区再度北上，眼前又出现大片大片的沙漠，原来这就是库布齐沙漠，又称库布其沙漠。

站在库布齐沙漠，一眼望不到边的沙浪，一层一层向远处推进，景观壮丽。望着沙浪可以想象：700里黄河宛如弓背，扣在沙浪上，宛如一束弓弦，形成巨大的金弓形状，太壮美了！库布齐沙漠形成的响沙湾又是天下一绝，沙子发出的鸣声，令人感动、奇妙！"库布齐"为蒙古语，意思是弓上的弦，因为它处在黄河下像一根挂在黄河上的弦而得名。

库布齐沙漠为中国第七大沙漠，在河套平原黄河"几字弯"里的黄河南岸，它包含在鄂尔多斯市的杭锦旗、达拉特旗和准格尔旗的部分地区。长400千米，宽50千米，总面积约1.39万平方千米。

我们来到响沙湾，这是我第二次来到这里的沙漠。

在沙漠边中，这里正在举办一场文艺表演，很多牧民前来观看，其中一曲《走西口》使许多人声泪俱下。我询问一个老汉，他已90多岁。是河北张家口人，新中国成立前由于忍受不了当地恶劣环境，为了求生，他和他的8个伙伴随着"走西口"的人群逃荒来到这里，谁知这一扎就

◆ 库布齐沙漠响沙湾的驼队

◆ 走进库布齐沙漠

是70年。70年，他怎能不思念自己的家乡呢？据了解，离乡背井"走西口"到这一带的人有几百号，他们在这里植树、种草、治沙，为了改造大自然默默奉献着……

黄河峡谷，中国第十大峡谷！

鄂尔多斯，一代天骄长眠地！

库布齐沙漠，大自然的杰作！

◆ 做客蒙古包讲黄河故事，黄河文化，公享黄河美食

呼和浩特：黄河上中游分界碑·王昭君·内蒙古大学思政课

穿行一个个沙丘……

越过一道道沙沟……

离开响沙湾东北行，去往内蒙古自治区首府呼和浩特……

黄河上中游分界碑

汽车过黄河大桥来到托克托县城，已是灯火阑珊……

托克托县隶属于呼和浩特市，地处呼、包、鄂"金三角"开发区腹地，处于黄河上中游的分界地，黄河流经县境 37.5 千米。

既然处于黄河上中游分界，那么，在此采风的重点是分界标识。

晚上，躺在床上后，便与曲洪财队长联系，明天行程重中之重是分界地标，分界标识。

曲队长立即展开拉网式咨询。

半小时后，曲队长给我打电话说："经过与县文旅局、河套管理局、水利局、

◆ 进入托克托县域

旅游公司等单位通话，得到的回答是，不清楚这个地方，也不清楚这个标识。"

但是，黄河上中游分界确实就在此县啊！

奇怪了！

我听了曲队长的回话，对托克托县的采访有些失望！

我正在黄河溯源，怎么堂堂一个托克托县，没有像黄河中下游的河南省孟津县建一个塔、一个碑什么的？

黄河上中游分界地，太重要了！

次日清晨5点多钟，我和我的同事张中协打出租车去找分界标识！

出租车司机是个女同志，叫卢瑞霞。

由于天还不太亮，我们在托克托县古城墙、东胜南城门、"黄河至北"石碑、"托克托县8A石碑"等地参观拍照。

天大亮后，我们出城。

卢女士问："到哪里去？"

我说："去黄河上中游分界碑？"

她说："知道！知道！"

我说："先去河口镇，开车吧！"

半小时车程，穿过黄河湿地，来到河口镇，但没有找到分界石碑等标识。

当场，我查了资料，分界碑确实在河口镇，但现在改名字了，应该在河口村。

"黄河至北"雕塑

司机带我们到河口村后，又开到黄河边，怎么也找不到分界碑。但司机把车开到了一座石碑前，说："到了！"

原来，并不是分界标识，而是"黄河—母亲"雕像。

在此，我们又进行一阵子狂拍，不得不离开，去找分界碑。

我跑到路边开始打问过路人，但都不知道分界标志在什么地方。

卢女士看我们很着急、很无奈，就和我们一起跑到大田里，向正在耕种的农民询问。然而，吃了闭门羹！

我又接着百度，搜索到河北省石家庄电视台的一个录像。

有了依据。卢女士拿着手机上的录像，传给她的家人及朋友圈，最后才打问到这个地方大致的方向和范围。

逢旱遇甘露，得到及时雨。

卢女士开着车绕来绕去，经过圣泉、广宁寺、李裕智故里等地方。

顺黄河走了很多很多冤枉路。突然，分界标志骤然出现在眼帘中……

世上无难事，只要肯登攀。

看见了，分界碑！

分界碑，找到啦！

看吧！眼前尽管没有什么高塔耸立；

瞧吧！眼前尽管没有什么巨碑仰坐；

但这里是真真正正、

◆ 询问当地农民分界碑在什么地方

确确切切的黄河上中游分界点啊！

尽管，只有一块低矮的石头，但上面有黄河分界的经、纬度字迹。

尽管，没有碑文记录，但在石碑上看到了"黄河上中游分界点"字样，这时心中确实有些激动！

隔过分界石碑，看到了滚滚的黄河……

啊！"黄河—母亲！在您的怀抱里放飞理想……"

啊！"祖国—母亲！在您的乳汁中成长壮大……"

这时，当地一位小学老师走来，介绍上游和中游的情况。

河源至内蒙古自治区托克托县的河口为上游，河道长 3471.6 千米，流域面积 42.8 万平方千米，占全河流域面积的 53.8%。黄河自河口至河南郑州市的桃花峪为中游。中游河段长 1206.4 千米，流域面积 34.4 万平方千米，占全流域面积的 43.3%。落差 890 米。

我站在碑的不远处眺望，看到了黄河：太壮观了！黄河水面宽广、曲折，缓缓流淌……

我问他："为什么在这里分界？"

答："在中学地理教科书中一直沿用河口镇这一名称作为黄河上中游分界。我们河口村，归属河口镇管辖。"

我又问："黄河在此转了几道弯？"

◆ 黄河上中游分界点

答："黄河在河口，来了个90度急转弯，东流鱼河堡再转向东南，向南流到万家寨水库及偏关、河曲方向。"

当我返程时，向分界碑再见的一刹那，这才感受到这里的分界标识太小气了，与滔滔而去的黄河母亲河太不协调了。而且，连个介绍也没有。

回忆我们前几天在河南省洛阳孟津所见到的黄河中下游分界处那里有耸入云天的分界铁塔，有巨大的石碑，有详细、翔实的文字介绍。

相比之下，托克托县低矮的、不起眼的黄河上中游分界标志，太小气了！

前几年，国家就确立了建设"黄河国家文化公园"的部署，而且是中央的举措。我们黄河溯源一路走来，看到沿黄河的省、市、县都在投入建设。

在建设"黄河国家文化公园"中托克托县应积极、主动，谋划好"黄河国家文化公园"的建设项目……

再见，托克托黄河上中游分界碑！

期待，来年再到托克托县看黄河！

离开县城，提到"万家寨"，那是托克托县的十大风景区之一。

我沿黄河又一次来到万家寨水库，从另一个角度再次欣赏。只见湖光水色，湖岸峭壁，山势百仞，真是山美水美，可与长江小三峡媲美。托克托誉为"一颗璀璨夺目的黄河明珠"名不虚传。

王昭君

出托克托县域东北行，行车一个半小时，来到呼和浩特市区。

"呼和浩特"蒙语意为"青色的城"，是内蒙古自治区一座具有悠久历史的塞外名城。据《俺答汗传》载："大名扬天下的圣主俺答汗，在1572年，召集举世无双的巧工名匠，模仿已失去的大都，在哈剌兀那之阳、哈屯河之滨，始建有八座楼和琉璃金银殿的雄壮美丽的呼和浩特。"

在呼和浩特采风期间，我去昭君博物院采风，由内蒙古广播电视台台长张兴茂陪同前往。站在王昭君的塑像前，十分敬佩这位女子为"胡汉和亲"所作的贡献。公元前33年，王昭君这位湖北兴山县普通农家出身的女子，千里迢迢来到塞外与匈奴和亲，对汉朝与匈奴的经济发展起到很大的推动作用，为此王昭君成为历史上可歌可颂的人物，引得许多文人墨客的诗为其作诗。此时，想起唐朝李白的诗：

昭君拂玉鞍，上马啼红颊。

今日汉宫人，明朝胡地妾。

历史已去，然则名留千古。

呼和浩特抓住这一历史人物，举办昭君文化节、昭君艺术节、昭

王昭君雕塑

君草原节，吸引国内外友人到内蒙古来访问，来投资，来开发。

王昭君于公元前 54 年出生于今湖北省兴山县昭君村，其父王襄老来得女，视为掌上明珠，兄嫂也对其宠爱有加。王昭君天生丽质，聪慧异常，琴棋书画，无所不精，"峨眉绝世不可寻，能使花羞在上林"。昭君的绝世才貌，顺着香溪水传遍南郡，传至京城。汉元帝昭示天下，遍选秀女。王昭君为南郡首选。

之后，我在旧城区参观大召寺。大召寺是呼和浩特玉泉区南部的一座大藏传佛教寺院，"召"藏语为"寺庙"之意。汉名原为"弘慈寺"，又名"无量寺"。

大召寺入口处我发现有一口井，名叫"玉泉井"，说是当年中国西北部著名的古井，呼和浩特的"玉泉啤酒"就是从此得名。

我在通往大殿的路上，听讲解员介绍："大召寺是明代蒙古土默特部落的首领阿拉坦汗在明万历八年（1580 年）主持修建的。"

大召寺的庇佑殿宏伟高大，特色鲜明，引很多人在此拍照。

在大殿，我见银佛、龙雕、壁画很显眼。辉煌的召庙建筑、珍贵的文物和艺术品，以及神秘的恰木舞蹈和佛教音乐，构成了大召寺独特的"召庙文化"。

在殿堂，有很多灯笼，数百小铃铛发出悦耳的叮当响声。书柜中珍藏品极为丰富，有明宣德炉，清康熙皇帝用过的龙凤孔雀伞，康熙皇帝时皇宫的 8 个珍珠八宝宫灯，康熙皇帝的"万岁龙牌"，乾隆皇帝赐的鎏金财神，明清两代唐卡以及宗教活动使用的各种法器、面具等。

出大召寺，我又绕行到五塔寺，名字因塔座上有五座方形舍利塔而得此名。

五塔寺金刚座台基为须弥座，腰部有砖雕狮、象、法轮、金翅鸟和金刚杵等图案花纹。金刚座龛上为梵文 6 字真言，门上嵌蒙、藏、汉 3 种文字书写的"金刚座舍利宝塔"石刻匾额，塔上 1563 个鎏金小佛像。

◆ 大召寺一角

◆ 大召寺

内蒙古大学思政课

在呼和浩特，我还去了席力图召、博物馆等地。这是我第三次来呼和浩特。

中午，在内蒙古广播电视台接受主持人媛媛的专访，谈黄河文化。

下午，在内蒙古大学多功能厅做主题报告，在报告会上，又讲了黄河故事、爱国主义情怀等。参加听讲者有内蒙古大学教师、学生和内蒙古广播电视台的编辑、记者。

内蒙古大学文学与新闻传播学院党委书记陈丽萍在主持词中说："这既是一堂十分重要的思政课，又是一堂难得的新闻写作专业课。王喜民老师践行四力，用脚力、眼力、脑力、笔力，写出有影响力的文章，值得我们好好学习。"

党的十八大代表、第十届长江韬奋奖获得者、内蒙古广播电视台广播新闻中心党支部书记山丹十分感慨："范长江先生是我们新闻界的先驱泰斗，范长江新闻奖是我们所有新闻工作者心中的至高荣誉。我们这些获奖者有一个共同的名字叫'长江后来人'，发扬范长江精神，采访不止，笔耕不辍，王老师常思无闲，始终肩负使命，守望时代，记录社会，是'长江后来人'中的典范和标杆。"

晚上，就餐于有蒙古包特色的餐厅，聆听马头琴声，欣赏蒙古族歌曲，别有韵味……

◆ 做客内蒙古广播电视台讲"黄河故事"

◆ 在内蒙古大学讲学

包头：敕勒川·南海湿地·王若飞故址

包头，地处黄河上游资源富集区与渤海经济区交汇处，南临黄河，东西接土默川平原和河套平原。黄河流经包头市境内214千米，公路、铁路两桥并行飞架黄河南北。

敕勒川

从呼和浩特市西行去往包头市的途中，先后经过土默特左旗、土默特右旗。而有意思的是这两个名字相同的旗，左旗归属呼和浩特，右旗归属包头。简称"土左旗""土右旗"。

我首先步入呼和浩特境内的土左旗采风踏访，到了"敕勒川草原文化"旅游区，去了敕勒川镇，西与土右旗接壤。这里依托"敕勒川，阴山下"诗中所描绘的古代游牧生活的壮丽图景展示蒙元文化。

接着，我一步跨入土右旗，同样感触到"敕勒川"文化的浓度。当我走进"敕勒川博物馆"时，耳旁响起了《敕勒歌》：

敕勒川，阴山下。

天似穹庐，笼盖四野。

天苍苍，野茫茫。

风吹草低见牛羊。

感慨啊！整个博物馆充溢着"敕勒川"的气氛。

展览大厅全景展示了敕勒川地区自新石器时代至明清时期的各类代

表性文物，多角度、多层次展现了敕勒川文化多姿多彩的历史脉络，重点演绎了敕勒川地区悠久而厚重的游牧文化、农耕文化、西口文化、黄河文化和土默特的二人台戏曲文化。特别是南北朝时期民歌《敕勒歌》中提到的敕勒川就是如今的内蒙古土默特平原。

在展厅，讲解员很专业。

我问："您了解《敕勒歌》吗？"

讲解员："很了解啊！"

没等我说话她就开言了："《敕勒歌》是乐府杂歌篇名，是南北朝时期黄河以北的北朝流传的一首民歌，是由鲜卑语译成汉语的。民歌歌咏了北国草原壮丽富饶的风光，抒写敕勒人热爱家乡热爱生活的豪情。"

我问："能背下来吗？"

讲解员："可以啊！"

◆ 敕勒歌石碑

接着她朗诵："敕勒川，阴山下。天似穹庐，笼盖四野。天苍苍，野茫茫。风吹草低见牛羊。"

我说："为您点赞！"

讲解员："这首民歌，勾勒出了北国草原壮丽富饶的风光，抒写了敕勒人热爱家乡热爱生活的豪情。"

当离开博物馆时，我又问讲解员是何方人。她介绍："土默特，来自西伯利亚的鲜卑拓跋。最初是鲜卑族，唐代又称其为木马突厥，到了元朝已经是蒙古族了。鲜卑拓跋，人称索虏，就是梳辫子的人，讲的是蒙古语，风俗习惯、生产生活皆与蒙古人相同。"

据悉，敕勒川博物馆是内蒙古自治区唯一一座以区域性历史文化为背景的博物馆。

南海湿地

从"敕勒川"景区，只一个小时车程来到了包头黄河南海湿地风景区。

南海湿地风景区是我国较大的内湖风景区之一，紧邻黄河，占地面积 2992 公顷，其中水域面积 713 公顷，湿生草地面积 15000 亩，有 232 种野生动植物在这里繁衍生息。

站在黄河边，望着一片水域，粼粼波光，还有那湿漉漉的水草，偶尔外露的野花，飞翔的水鸟，漂浮的野鸭，好似一派江南风光！难怪，这里被称作"塞外西湖"！

南海湿地素有"水旱码头"之称，其中水码头就是指南海子码头，是康熙年间黄河岸边的一个航运吞吐口岸，迄今已有 330 多年的历史了。

再看看古黄河，表明这里是九曲黄河在包头的第二弯，原来曾是九

◆ 黄河边上的内蒙古南海子湿地自然保护区

◆ 来自黄河的南海水域

◆ 南海湿地

曲黄河的一段故道，河水改道南移后形成水面和滩头草地，尽管改道，这里距黄河只几步之遥。

据了解，南海湿地分为水上活动区和湖滨游览区。北有青山朦胧辉映，南有黄河玉带环绕，形成了湖中碧波荡漾，湖滨水草丰美，天空鸥鸟翱翔的风景独秀。

南海湿地紧靠包头市区，交通方便，是市民休闲的好去处。春天，这里聚集很多人看鸟，夏天可以避暑，而到了秋季又是一番金黄色的景观，当冬季来临，可以赏雪景。

南海湿地之大，容人之多，景点之全，在包头市屈指可数，湿地中有"时空码头""层帆叠影""双龙吐翠""雁渡苇荡""唐宋遗风""塞外西湖景古""卵石滩""问鱼台""落雁滩"等很多可赏之处。

我去了落雁滩。公元前33年，王昭君从长安出发，先水路东进，再取道旱路北上，途经今东河南海湖渡口时，当地人就把南海湖渡口称为昭君渡。昭君下船后，正好有一群大雁从她头顶飞过，大雁看到王昭君，纷纷落下。后人便形容昭君的美为落雁之容，而南海湖的草堤因此得名落雁滩。

王若飞故址

在包头市，驱车到达东河区复成元巷，看到了"泰安客栈"，当走向三号房间，原来这里就是王若飞同志革命故址。

在这里的守护人介绍："这里是王若飞烈士1931年在包头开展地下工作时居住和被捕时候的地方。"

我问："具体时间呢？"

守护人说："1931年11月20日晚，王若飞在此被捕。"

在三号房间，有火炕、小方桌、煤油灯、骨牌凳子，以及被褥、毯子等简单的行李，房间保持了原貌。

王若飞到达包头市后，时值"九·一八"事变，日本的侵华战争不断扩大，这里便成了日寇侵略的重点。

◆ 在王若飞故址了解王若飞当年生活和工作情况

◆ 王若飞曾经居住的房间

◆ 王若飞雕像下的文字"一切要为人民打算"

守护员说："王若飞是由苏联经乌兰巴托从阿拉善旗入境，化名黄敬斋以皮毛商人的身份开展工作，后来住进包头泰安客栈。

晚上，他与乌兰夫见面，乌兰夫将一份《告全旗蒙民书》和一份《工作报告》交给王若飞保存，准备次日送王去宁夏。由于党内叛徒出卖，当晚，王若飞被国民党警察逮捕。

乌兰夫同志于次日早机智脱险。"

据工作人员说，王若飞在狱中坚贞不屈，包头市警察局局长马秉仁让其写口供，他整整写了八张大麻纸，阐明中国共产党的救国主张，列举蒋介石的十四条罪状。他在给亲戚的遗书中写道："弟现时所最难堪者，为闲与身体之日见衰弱，恨不能死于战场耳。"后王若飞被押到归绥市第一模范监狱。

王若飞同志被捕时，将党的文件塞进嘴中咬嚼吞咽。

被捕后，包头县公安局局长马秉仁使出"假枪毙"的招数，当被押赴包头北郊空地几条枪口瞄准王若飞的胸膛时，他断然拒绝了敌人给的最后机会："用不着考虑了，开枪吧！"他表现出了共产党人视死如归的英雄气概。

泰安客栈已被列为爱国主义教育基地。

巴彦淖尔：河套文化·乌梁素海·三盛公

山连连……

河长长……

从包头市启程，沿着黄河向巴彦淖尔行进……

右边绵绵阴山……

左边滚滚黄河……

黄河是一支歌，黄河是一首诗，黄河是一幅画……

途中，时而戈壁，时而草原，时而湿地……

◆ 走进黄河水利文化博物馆广场

当穿越绿绿的草地时，我看到阴山下的牧羊人，不远处的一座石碑上，刻着《敕勒歌》。

汽车在飞驶……

途中，我又绕行达茂旗"百灵庙抗日武装暴动纪念碑"追寻红色文化，传承红色基因。百灵庙抗日武装暴动是中国人民抗日战争中的壮举，打响了内蒙古民族武装抗日的第一枪，不仅打击了日寇的侵略气焰，推迟了侵略者西进日程，表明了蒙古族人民反对日本帝国主义侵略，争取民族独立与解放的决心。

晚上到达巴彦淖尔首府临河。

河套文化

"巴彦淖尔"蒙语意为"富饶的湖"，别名"河套"，史称"黄河百害，唯富河套"。黄河国家文化公园（巴彦淖尔段）包含了河套文化、乌梁素海等项目。

巴彦淖尔，是我第三次到访。第一次来1998年；第二次2020年环国境线采风，此次黄河溯源。这次来主要是看黄河河套文化。

我首先是到黄河水利文化博物馆。在馆前广场上，我看到上百米的壁画，雕刻着各民族为黄河水利建设作出贡献的图画，一个个人物栩栩如生、活灵活现。

工作人员介绍，河套文化以"二黄河"为中心。黄河流域是中华文明最主要的发源地，是中华民族的"母亲河"，以巴彦淖尔为中心的黄河大河套流域是黄河流域的重要组成部分。"二黄河"是河套灌区总干渠，全长230千米，浇灌着巴彦淖尔1000万亩耕地，是巴彦淖尔人民的另一条"母亲河"。

我询问黄河河套文化涉及的面积。

工作人员说，旅游区总面积35.2平方千米。河套文化以"总干渠"

◆ 二黄河河道遗址

为轴心，打造集观光休闲、文化体验、湿地度假等于一体的综合性旅游景区。景区包括湿地公园、黄河水利文化博物馆、黄河观凌塔、酒庄老镇、富强村等主要景点，全方位、多角度展示了几千年来黄河文化、草原文化、农耕文化。

接着，我去文博中心、黄河广场、黄河观凌塔，这里展示的是几千年来的黄河文化，太值得一看了。

在黄河湿地生态园、黄河文化展区、"二黄河"20千米黄金水道，仿佛看到了"万里黄河唯美河套"的意境！

千百年来，我们的先人在黄河河套耕作、繁衍、生息，农耕文化、黄河文化、边塞文化和红色文化形成了独特的河套文化。

河套文化最大的亮点是河套灌区的农耕文化。河套灌区是亚洲最大的自流灌区，而这里展示的河套农耕文化最为突出，河套地区从古到今灿烂的农耕文化是亮丽多彩的，绚烂的！

在灌区中的万丰村询访，听说这一带有不少河北老乡，他们在这里承包沙荒地引灌区水种植，流下辛勤的汗水。这里沙地面积广阔，黄河从中穿过，转弯东去。就在这"黄河百害，唯富一套"之地，燕赵儿女

◆ 当地百姓向作者讲"走西口"的故事

抓住这一得天独厚的优势，种、养、殖一齐上，为当地经济腾飞助上了一臂之力。

村口前，没想到遇上一位河北人。他叫牛东良，已经 80 多岁，原籍河北省石家庄市行唐县背浪北村。一听是河北老乡，我便上前询问。

问："老大爷，您怎么到这里来了呢？"

牛："祖辈走西口走到这里，是我爷爷走西口来到这里求生的。"

问："噢！是哪一年？"

牛："记不清了！因为家境贫寒，吃不上饭，爷爷便与本村几个人一起走西口。"

问："这个村有多少人是走西口来的？"

牛："30 多人吧！"

问："在这从事什么？"

牛："种地，承包沙荒地引灌区水种植。"

牛大爷说，河北走西口的人，在这里流下了辛勤的汗水。

乌梁素海

离开二黄河，我特意去乌梁素海采风。

当乌梁素海出现在我面前时，那湖面的银光，水天一色，万顷的明镜，波光浩渺，顿时让我诗兴大发：

鸟在水中游，鱼在云中跳。

天在湖底铺，湖在空中悬。

啊！这就是"塞外明珠"！

呵！这就是"塞外都江堰"！

"乌梁素海"蒙语意为"生长红柳的地方"，处在乌拉特前旗，是全球荒漠半荒漠地区极为少见的大型草原湖泊，是全球干旱草原及荒漠地区极为少见的多样型大湖，也是地球同一纬度最大的湿地。

2002 年被国际湿地公约组织列入国际重要湿地名录。

◆ 乌梁素海

乌梁素海，古时是黄河的一部分，当黄河改道后形成了河迹湖。乌梁素海的形状似一瓣桔，南北长 50 千米，东西宽 20 千米，面积约 300 平方千米。

我乘船在湖中荡漾，穿越茂盛的芦苇，涉过片片蒲草，赶着群群鲫鱼……如诗如画，如梦初醒，简直醉倒在湖中……

这时，船公突然抓到一条鱼，这是湖中盛产的黄河大鲤鱼，在内蒙古蜚声遐迩！

穿行乌梁素海，百鸟啼鸣，叫声婉转，令人身心愉悦！

正当在即兴时，忽然一架直升机飞过头顶。船公说，这是从呼和浩特飞来的观光机。原来，乌梁素海处在巴彦淖尔、呼和浩特、包头、鄂尔多斯三角地带的边缘。

◆ 作者在三盛公水利工程标识前了解水闸建设

返航了，让人扫兴的是，水面上飘起很多死鱼！船公说："这是污染造成的，很不幸！"

据船公讲，20 世纪 90 年代后，乌梁素海自然补给水量不断减少，而城市污水和工业废水排放明显增加，导致湖区面积急剧削减，生态功能严重退化，一些湖面已显沼泽。

三盛公

从临河火车站，顺黄河河套一路南下，行车 60 千米，我到达三盛公水利枢纽工程现场。

在黄河边看到，这个地方位于黄河干流上游的"几"字弯头，处在巴彦淖尔市磴口县境内，同时还跨越鄂尔多斯市杭锦旗一部分区域。

我看到，这里最明显的标志性建筑是三把巨锁雕塑，上面写着"永固""永昌"硕大的字体。下面是一眼看不到边的黄河水流。眼帘中，那黄河水闸蔚为壮观！水闸一边水流滚滚，另一边水面平静如镜。

"三盛公"，它不愧为祖国大西北的一颗新星！

在场的工作人员介绍："三盛公水利枢纽是新中国成立之后，在黄河干流上游建设的主要工程，是全国三个特大型灌区之一——内蒙古河套灌区的引水龙头工程，灌溉面积达870万亩，是亚洲最大的平原引水灌区，也是黄河唯一的以灌溉为主的引水大型平原闸坝工程。工程造型别致，宏伟壮观，气势磅礴，素有'万里黄河第一闸'之称。"

何为"三盛公"？早在乾隆初年，晋商乔贵发为生计"走西口"在

◆ 刻有"河套源"三个红字的石碑耸立于黄河边

◆ "三盛公"石碑

包头开铺当，字号三盛公，由于生意兴隆成为包头第一大商号，且建了三盛公教堂，名声在外。于是"先有三盛公，后有包头城"传了出去。

在此，我还去"同心锁"、胡杨林区及黄河文化、水利文化、河套文化展览馆参观访问。

巴彦淖尔，"百害黄河，唯富河套"之地！有着别具一格的河套文化内涵。

乌海：启程"乌金之海"去阿拉善大漠

黄河水光粼粼……

贺兰山峰绵绵……

出黄河"三盛公"水利枢纽工程区后，沿黄河上游河道南下，来到乌海市。

乌海，是周恩来题的名字，乌海是黄河沿岸的煤城，被称为"乌金之海""黄河明珠""葡萄之乡"。在这里，我踏访了桌子山、成吉思汗巨石塑像和煤博物馆，还有乌海湖、黄河海勃湾水利枢纽坝址等。

桌子山峰峦叠翠，巍峨壮观，因其主峰山顶较平坦，远眺貌似桌子而得名。"桌子山岩画"在山沟中绵延长达 15 千米，是距今五千年以上新石器时代北方游牧民族的文化遗迹。桌子山岩画人面像占绝大多数，人面像神态各异、精美绝伦，这是它与阴山岩画、贺兰山岩画等著名岩画相比的显著特征。

之后，翻越贺兰山　　　　　向阿拉善方向挺进，这是我第二次踏访。

乌海市黄河畔山顶上的成吉思汗雕像

◆ 耗费两个多小时到达山顶拜谒
一代天骄成吉思汗

贺兰山脉位于内蒙古自治区与宁夏回族自治区交界处，北起巴彦敖包，南至毛土坑敖包及青铜峡。贺兰山脉为南北走向，绵延200多千米、宽30千米，是中国西北地区的重要地理界线。站在山顶，向东俯瞰黄河河套和鄂尔多斯高原，山体西侧为阿拉善大漠，南为宁夏回族自治区山地。

在翻越贺兰山时，我专程去贺兰山主峰巴音松布林西北侧的广宗寺。"广宗寺"藏名"丹吉

◆ 广宗寺即南寺

楞"，俗称南寺。是贺兰山西麓一个山谷之中的大寺，距巴彦浩特镇东南 23 千米左右，该寺有 6 个属庙，是原阿拉善八大寺中规模最大、名望最高的寺庙。寺内六世达赖喇嘛灵塔是一丈多高的镀金铜塔，塔门镶嵌着各种宝石，塔顶上曾放有三寸高的赤金无量寿佛像。

距这里有一段路程的延福寺，也很有看点。延福寺坐落在巴彦浩特镇王府街北侧，是内蒙古自治区重点保护的古式建筑之一。"延福寺"俗称"王爷庙"，藏语名为"格吉林"，为阿拉善三大寺院之一。

之后，我来到内蒙古自治区最西部阿拉善盟的"阿拉善英雄会"，不少人特别是爱好自驾越野的人们，自然会了解这个沙漠中的盛会。

阿拉善盟总面积 27 万平方千米。盟内有腾格里、巴丹吉林、乌兰布和、宝音温都尔四大沙漠，计 7.85 万平方千米，戈壁计 9 万多平方千米。

来到阿拉善盟首府所在地巴彦浩特镇一看为之一惊，呵！说是镇，其实比内地一个县城的规模还大。这里有整齐宽敞的大街，有高新技术开发区，有占地 5 万平方米广阔宁静的新世纪大广场，有古老的延福寺、阿拉善王府等，素有"塞外小北京"之称。郊外还有月亮湖、天鹅湖、吉兰泰盐湖及草原湿地、梦幻峡谷、哈布茨盖怪石林等。

穿过新世纪广场，稍候休息，下午去沙漠里体验大自然的壮阔。

走向沙漠的路上，陪同踏访的张女士说："大自然造就了阿拉善的博大与雄阔，大漠、大山、大戈壁、大气象、大胸怀，是阿拉善的特点。"

接着她指着前面的大沙漠说："走进阿拉善大漠，马上会使人置身于神秘、神奇、雄浑、古老的畅想与惊奇之中，这里有世界沙漠之最，即最高沙丘、最大响沙区、最密集沙漠湖群。"

大沙漠造就了大骆驼，这里是著名的"骆驼之乡"，骆驼数量居全国之首。

半小时车程，我们走进腾格里沙漠。一进入大漠，就像走进中国西部独特的诗情画卷中，那起伏的沙丘，漫滚的沙浪，屹立的胡杨，悠长

◆ 大漠胡杨林

的驼队，真正让人领略了浩瀚的大漠风光。

然而大漠风光的背后是无边漫卷的沙尘暴，阿拉善盟是中国沙尘暴的主要发源地。

说到沙尘暴，阿拉善盟的四大沙漠要数巴丹吉林沙漠为最，而最为有沙漠特色的城镇是巴丹吉林沙漠之中的额济纳旗。

1936年，范长江长途跋涉数千里来到额济纳旗，写下轰动中外的名篇《塞上行》，其中写到当时的情景："夜宿岗南坡，拔根为燃料，立帐不易，无力解衣，和衣而睡。"

我去时，那里已不再像范长江笔下的残景了，出现了绿色、水域，但荒漠依然存在，生态环境依然没有改变，特别是沙尘暴时时刮起，漫天飘舞，流向远方。它警示人们：风沙源的治理还很艰巨。

日落西山。一天的奔波，比较劳累。入夜，我住进阿拉善盟宾馆，巴彦浩特镇夜分外肃静……

第二天，我来到阿拉善盟防沙治沙领导小组驻地，这是我第二次来到这里，一位马姓科长接受了采访。

　　马科长面对话筒介绍："阿拉善盟沙化趋势不断扩大，虽然我们在防沙治沙上取得一些成绩，但是面临的问题很多，特别是全盟生态环境整体恶化的趋势仍在加剧，目前四大沙漠还在扩展，全盟沙化面积每年以上百万亩的速度扩大，风沙飞越过黄河。"

　　问："盟里采取措施了吗？"

　　答："针对阿拉善严酷的生态环境，全盟人民几十年来一直与荒漠进行着艰苦卓绝的斗争，目前启动的'治沙工程'全面实施，特别在飞播造林上。"

　　问："飞播是怎么回事呢？"

　　答："用飞机播种。"

　　问："怎么播呢？"

✦ 阿拉善英雄会会标

◆ 乌海湖

◆ 黄河海勃湾水利枢纽

◆ 梦想沙漠公路

答："把种子放在飞机里，飞播时把种子从飞机上撒下来。"

遏制沙尘暴，治理风沙源，向大自然挑战！这是一项长期而艰巨的任务，为了这一光荣任务，一大批林业、治沙和生态建设者，他们没有省界，没有区界，没有县界，为了我们的天蓝、山绿、水清，奋斗着，努力着，奉献着，让我们向战斗在治沙第一线的人们，向改善生态环境的人们，向创造和谐美好未来的人们致敬吧！

最后，我去了乌海湖和黄河海勃湾水利枢纽工程坝址。

乌海湖处于乌海市，属于黄河北域的一部分，面积是杭州西湖的18倍。

黄河海勃湾水利枢纽2010年开工建设，2014年蓄水发电。这一工程的竣工，改善了乌兰布和、库布齐、毛乌素三大沙漠交会区的小气候。

巍巍贺兰山，滔滔黄河水；九曲迂回，百里花香。道道灌区，金色沙带，火红枸杞……这就是"塞上江南"宁夏。宁夏是沿黄河九省中唯一全境属于黄河流域的省份，面积6.64万平方千米。宁夏在黄河的臂弯里流程397千米，经过沙坡头、青铜峡、银川、石嘴山等地。沙湖、镇北堡、西夏遗址、108塔等是宁夏的好去处。黄河水浇灌出来的枸杞名扬天下。黄河国家文化公园（宁夏段）包括引黄古灌区世界灌溉工程遗产展示中心、吴忠市红寺堡段新时期红色文化旅游复合廊道、石嘴山市银河湾段黄河文化湿地郊野公园及黄河穿越的青铜峡、沙坡头景区。

第六章

宁夏：『天下黄河富宁夏』

石嘴山：沙湖·星海湖·武当山

离开阿拉善，重返贺兰山，向着宁夏回族自治区行进。

沿途，重峦叠嶂，峭壁林立，气势磅礴。极目西眺，腾格里沙漠的浩瀚、苍茫尽收眼底；向东俯瞰，宁夏田畴一览无余。再向贺兰山看去，古寺经幡飘摇，曲径通幽，山水寄情，溪流潺潺，鸟语花香。大自然以其鬼斧神工之伟力，悉心雕凿，把山石幻变成一尊尊栩栩如生的精灵，色彩斑斓，神韵飘逸。

眼前风景太漂亮了！如果你是诗人，一定会引发诗情；如果你是文学家，肯定会见景生情；如果你是摄影家，必定会打开镜头，拍下这美丽的景色。

翻过贺兰山脉脊梁下行，进入宁夏回族自治区。

宁夏，黄河穿过之地域，上半部地域都在黄河两岸。

为什么是回族自治区？不言而喻，这里是回族集聚的地方。据介绍："在宋代，回族人的祖先就来到宁夏。在元朝和明朝，各种群体以'教'为中心，在宁夏建立了共同的文化，

◆ 踏访石嘴山市黄河边的"石嘴子公园"

◆ 宁夏路边的花海

称自己为回族。现在，回族的人口占宁夏人口的三分之一。"

宁夏北部为引黄灌区、中部干旱带、南部山区。宁夏地处黄河水系，有"塞上江南"之称。

进入宁夏，我踏访的首站石嘴山，处在宁夏最北部。

石嘴山市因黄河两岸"山石突出如嘴"而得名。是宁蒙陕金三角地区的中心，东靠黄河，西依贺兰山。特别是石嘴山因黄河经过造就大面积湿地及星罗棋布的湖泊如沙湖、星海湖。而悠久的历史又孕育了贺兰山岩画、古长城、北武当寿佛寺、玉皇阁、田州塔等人文古迹。

我首先来到黄河边的石嘴山公园，接着到了沙湖。

沙湖是全国35个王牌景点之一，位于贺兰山下的平罗县境内。

在景区门前，讲解员介绍说："沙湖，2000年被确定为全国文明旅游风景区，2018年中国黄河旅游大会上被评为中国黄河50景，荣获2018年度《中国国家旅游》最佳生态旅游目的地。"

◆ 沙湖

当我问及沙湖的形成时讲解员回应说："沙湖是古河道型湖泊，由黄河古河道洼地经过山洪刨蚀、地下水溢出汇集，并接受大气降水和地表水的补给而形成。"

当来到沙湖边，那湖水、沙漠，湖和沙连在一起，构成沙湖的自然景观和独特的风光。

看吧：那湖、那沙、那水、那苇、那鸟、那山，多种自然景象同框出现，真是大自然的恩赐啊！

赏吧：一边是豪放粗犷的大漠，一边是恬静秀美的碧水，一边是一束束、一丛丛、一簇簇出水的芦苇；一边是一处处、一片片、一个个大漠的沙丘；一边是缓缓破水的小船，一边是慢慢行走的骆驼；一边是大漠上空的雄鹰，一边是湖水涟漪中的小鸟。

湖和沙这样独特，沙和湖这样奇妙，这怎能不算奇景呢？

平罗县沙湖属于银川平原湖滩地西大滩碟形洼地地貌，海拔 1100 米，西部为阻隔腾格里沙漠东移的贺兰山山体，沙湖是集湖泊、沼泽湿地、沙丘三种类型为一体的独特自然区域。

沙湖的名字由"沙"和"湖"两字组成，因为湖泊的周围有沙漠。湖泊的东部和北部有以点、块、片形状分布的芦苇荡，自然生长，曲折幽深，野趣盎然。湖泊的补充水源主要是黄河水。

沙湖为国家 AAAAA 级景区和中国十大魅力湿地，镶嵌在黄河西岸，由 22.52 平方千米的沙漠与 45 平方千米的水域组成，融合江南水乡之灵

湖边骆驼

秀与塞北大漠之雄浑为一体，被誉为"丝路驿站"上的旅游明珠。

沙湖，与我第一次来大不一样，很多地方进行了整修、完善，面貌大变。

在石嘴山，我过平罗黄河大桥，又去星海湖，这是明代古沙湖遗址，原是一片湿地，经过治理，把一片泥淖改造成湖面。星海湖又名北沙湖，处在大武口城区东部，山水大道、星光大道穿湖而过，总面积43平方千米。

这里原来污水横流、垃圾成堆、沼泽遍布。石嘴山市委、市政府按照"显山，露水，透绿，通畅"的要求，进行抢救性改造，并在原兰州军区援建部队的大力支持下，开始了星海湖湿地恢复整治工程。石嘴山人创造了沼泽变湖泊的创举，缚住了下泻的洪水，医治了沉疴，远山近水，蓝天白云；沙鸥翔集，野鸭成群；苇影婆娑，波光粼粼，使星海湖复原。星海湖内有百鸟鸣、白鹭洲、新月海、南沙海、金西域、鹿

★ 星海湖湿地

◆ 平罗黄河大桥

◆ 玉皇阁

儿岛、中华奇石山等景区。

我在星海湖畅游，最感兴趣的是南沙海景区。只见这里湖水清澈，水波渺渺，沙丘临身，含情脉脉，远山和近水相映生辉。漫步湖岸，踏着沙滩，亲吻大地湖水，舒心畅快。特别是坐观夕阳黄昏，可感受"大漠孤烟直，长河落日圆"的意境，令人心旷神怡。沙山、沙海、沙丘、沙湖，融大漠豪情，汇星海激情，令人心潮澎湃。

看了两湖，我还去探索玉皇阁、北武当山。

玉皇阁，是宁夏回族自治区规模最宏伟的古建筑群体，是西北地区最大的道教寺庙之一。

在玉皇阁，我穿行城隍殿、观音殿、娘娘殿、三清殿、三母殿，其中的玉皇殿、洞宾殿、文昌阁、无量殿感受最深。

登上玉皇阁，东看滚滚黄河水流，西观巍巍贺兰山脉，眼下是湖光山色的玉皇阁人工湖，大有开怀之感！

特别是俯瞰黄河，深深融在"茫茫九派流中国，沉沉一线穿南北"的意境中……

返程石嘴山，我又爬上了武当山的庙宇赏景。

武当庙又称寿福寺，在西北地区是重要的寺庙之一，是一座名扬宁夏全境的古寺。

　　进门后，那大殿、飞檐、香火，给人一种老旧之感。整座庙宇依山而建，主要建筑有山门楼、灵光殿、观音楼、无量殿、多宝塔、大佛殿。

　　在《武当山石碑》前，看碑文记载："邑有武当者，连亘贺兰山，因祝元武之像而名之也。香火之盛，历年久矣，至乾隆四十年，山口石壁，忽现佛像三尊。"

　　休息之余，一位工作人员介绍为什么在此建庙的故事，他说："很早以前，人们在山洞中发现一尊佛像，大家就把它背回来，越背越重，行至黑塔墩就背不动了。当时，有位善行居士提议，在此处修建一座寺庙，安置无量寿佛像。"

　　石嘴山，星海湖美！

　　石嘴山，沙湖更美！

◆ 武当庙

银川：镇北堡·西夏王朝·黄沙古渡

从石嘴山一路南下，来到银川市地域。

黄河国家文化公园（银川段）建设主要有西夏陵申遗、水洞沟改建、黄沙古渡及贺兰山岩画整修等项目。

银川，黄河从此穿过，历史悠久的塞上古城，史上西夏王朝的首都，是国家历史文化名城，素有"塞上江南、鱼米之乡"的美誉。

银川历史积淀丰厚，中原文化、边塞文化、河套文化、丝路文化、西夏文化、伊斯兰文化等多种文化在此激荡交融。

"贺兰岿然，长河不息"，巍巍贺兰山岿然不动、滚滚黄河水奔流不息，是银川精神。

银川，旧地重游，变化之大，令人感叹！

银川市自然景观有水洞沟、苏峪口森林公园、滚钟口风景区、大小西湖、鹤泉湖等。人文历史景观拜寺口双塔、三关口明长城、鼓楼、承天寺塔、清真大寺、镇北堡西部影城等。

镇北堡

踏沙而行，大漠中出现了古堡，那就是镇北堡，眼光一下子亮了起来。那荒漠中的旧房，矗立在大漠之中非常显眼，让我全神贯注……这是我第二次来到这里，面对前面的荒凉让我又一次产生思考：宁夏除了贺兰山的"美"，沙湖的"奇"，还有荒凉的"走红"。

◆ 作者第一次踏访镇北堡全景

"走红"在什么地方呢？

电影《红高粱》是在银川郊外镇北堡荒凉地上拍摄的。

《红高粱》一举在第38届西柏林国际电影节上夺得"金熊奖"，中国电影就从这里走向世界。

自此，电影《黄河谣》《红河谷》《战争与爱》《飞天》《大漠豪情》《黄河绝恋》《大话西游》等多部电影在此拍摄，于是这块荒凉之地开始"走红"，吸引国内外很多游人前来参观。

漫步于镇北堡，看到参观的人比我第一次来看到还多。

在平沙茫茫的荒漠中崛起的古城堡下，人来人往。

当地向导介绍，据明代《嘉靖宁夏志》载："百年难成之业，一旦成之，边人倚以为固"。就是这个荒凉之中的城堡，张艺谋看上了，他说："这里有高高的天，大大的地。这里的人、风土人情和自然风光，能表现大

◆ 镇北堡城门

◆ 牛府庭院前门

西北的粗犷、豪放、高大、健美，能表现出那种人的洒脱和自由，强烈的生命意识，能把那些神事和祖上那些男男女女生生死死狂放出的一股热气和活力，那股子自在欢乐，无拘无束地表露出来。"

著名作家张贤亮写了一篇文章题名《出卖荒凉》，文中说："神秘的东西是让人猜不透它内涵的才称之为'神秘'。这两座古堡外表并无出奇之处。然而，它坐落在巍峨的贺兰山下，矗立于一片荒野之上，四周平沙漠漠，凄凉无边，大西北特殊的地理风貌烘托着它们，就使它们散发出一种'场'，会给人传来历史某种捉摸不定的信息。1961年我第一次劳改释放，曾到这里'赶集'。那时便给我留下难忘的印象……"

张贤亮的《出卖荒凉》很用心，用心就用在他在这里创办了"镇北堡西部影视城"。

景区讲解员说，从20世纪80年代至今，这里已拍摄80多部影视剧。在这里拍摄的影片之多、升起明星之多、获得国际国内影视大奖之多，皆为中国各地影视城之冠，故被誉为"中国一绝"。镇北堡西部影视城是宁夏集观光、休闲、娱乐于一体的主要景区，被确定为国家 AAAA 级旅游区，它保留了在此地拍摄过电影电视场景 40 多处，附属场景 100 多处，还设有影视资料馆、古代家具陈列室、电影海报展、艺术摄影展等。

昔日的"荒凉"不仅因今日的影城"走红"，而且还引来不少有识之士前来购买"荒凉"，承包"荒凉"，在荒凉地上植树种菜栽花，给荒凉种下绿色，使其孕育出新的生命。

西夏王朝

在宁夏采风，发现这里有许多带"夏"字的名字。最为明显的是宁夏和西夏王陵中的"夏"。原来历史上这里出现过两个用"夏"命名的王国。一个是公元 407 年匈奴人郝连勃建立的"大夏国"，另一个是公元 1038 年李元昊建立的"大夏国"，即西夏王国。"宁夏"取"宁"是安宁之意，"西夏"取"西"是银川市即当年的兴庆府地处西北且又在黄河以西，固称之为"西夏"。

西夏王朝在宁夏历史上占有重要地位，在银川，西夏陵景区是一个热点。

景区门前，讲解员介绍："西夏陵面积 20 平方千米，有 9 座帝王陵墓，200 多座王侯勋戚的陪葬墓。每座帝陵都是坐北向南，呈纵长方形的独立建筑群体，规模同明十三陵相当。吸收自秦汉以来，唐宋皇陵之所长，构成中国陵园

◆ 西夏陵

◆ 西夏陵全景

建筑中别具一格的风格。"

排1号的为裕陵，埋葬帝王为太祖李继迁，下葬时间1038年。讲解员介绍："1号陵陵墓坐北朝南，地面建筑基本变成废墟。整个陵园为封闭式外神墙包围，墙外有角台，陵园内从南到北有阙台、碑亭、月城、内城；内城中有献殿、墓道、陵台等建筑。"

嘉陵为2号陵，陵主为太宗李德明，李继迁之长子，系西夏皇帝李元昊之父。2号陵位于1号陵西北部约30米的位置处。地面建筑全部废墟，其除四周角台残存高度比一号陵略低之外，其余残存情况、整体架构、建筑组成、地理朝向等均与1号陵类似。

从西夏开国皇帝李元昊起，先后传下十代君主，即元昊、谅祚、秉常、乾顺、仁孝、纯祐、安全、遵顼、德旺、睍，历时189年。在这近200年间，其疆域"东尽黄河，西界玉门，南接萧关，北控大漠，地方万余里"。形成宋、夏、辽"三国鼎立"之局面。

从历史资料查证，西夏国十位皇帝在位期间不断遭到外界侵袭，特别是一代天骄成吉思汗多次率兵征战西夏。1227年，西夏灭亡后城毁、陵掘、族灭，没有留下任何历史记载，被称为"谜一样的王国"，但它留下了不少石窟、寺庙、碑刻、遗址及诗歌、谚语、箴言。尽管留有文字但那是西夏的文字，没人读懂，被称作"天书"，为此研究西夏历史被世界称为"绝学"。

西夏陵现已列入国家级风景名胜区，为中国现存规模最大、地面遗址最完整的帝王陵园之一，被誉为"神秘的奇迹""东方金字塔"。

讲解员解释说："2006 年，西夏陵被列入中国国家自然与文化双遗产预备名录。2012 年西夏陵被列入中国世界文化遗产预备名单。2018 年 4 月 13 日，入围神奇西北 100 景。2018 年中国黄河旅游大会上被评为中国黄河 50 景。"

黄沙古渡

为看"黄沙古渡"，我从银川市驱车到月牙湖，这是国家 AAAA 景区。现在黄河的"黄沙古渡"，只见河边残留的石块，黄土堆积的河道，断裂了的土墙，枯萎的木栏杆，非常古老。

在此登高东望，浩瀚无垠的黄沙，隔河西眺，一望无际的绿色田野。黄河水向北奔腾；蜿蜒的明代长城向东南伸延，太壮观了。

"黄沙古渡"早在西夏时期就已有了，是西夏国重要交通咽喉。在

黄沙古渡

横城古渡

水洞沟遗址

公元前33年，昭君出塞和亲就是从这里渡过。蒙恬北击匈奴、康熙私访也都从此渡河西进。

康熙在此曾作《横城堡渡黄河》七绝一首：

历尽边山再渡河，沙平岸阔水无波，

荡荡南去劳疏筑，唯此分渠利赖多。

朱元璋第十六子庆靖王朱旃镇守于此，写下一首著名诗篇《黄沙古渡》：

黄沙漠漠浩无垠，古渡年来客问津。

万里边夷朝帝阙，一方冠盖接咸秦。

看了"黄沙古渡"，不虚此行。

水洞沟观景台是一处不可多得的绝佳之地！

从黄沙古渡行车只半小时，登上了一脚跨两省的明长城之巅。

看吧：北边茫茫的毛乌素沙漠，沙风嗖嗖，一派大漠风光！

赏吧：南方薄薄水气升腾的水洞沟湿地，潮雾蒙蒙，一派江南景象！

闻吧：西侧轻轻飘动的芦花谷，香气四溢，芦苇荡漾，如痴如醉，神驰神往……

最后回到银川城区，最吸引我的莫过于海宝塔！

海宝塔，是银川市的地标，巍然屹立在城区，高塔成为人们辨别方向最明显的建筑。古塔始建于北朝晚期至隋唐年间，历史悠久。

海宝塔是一座方形九层十一级楼阁式砖塔，由塔基、塔座、塔身、塔尖组成，青砖砌筑，高 53.9 米，塔顶为绿色琉璃砖贴面的桃形四角攒尖式塔刹。海宝塔线条明快、层次丰富、觚梭秀削、挺拔粗犷，整座建筑体现汉地佛教与藏传佛教相互融合，又吸收当地伊斯兰教传统特色，是汉、藏、回民族团结的历史见证。

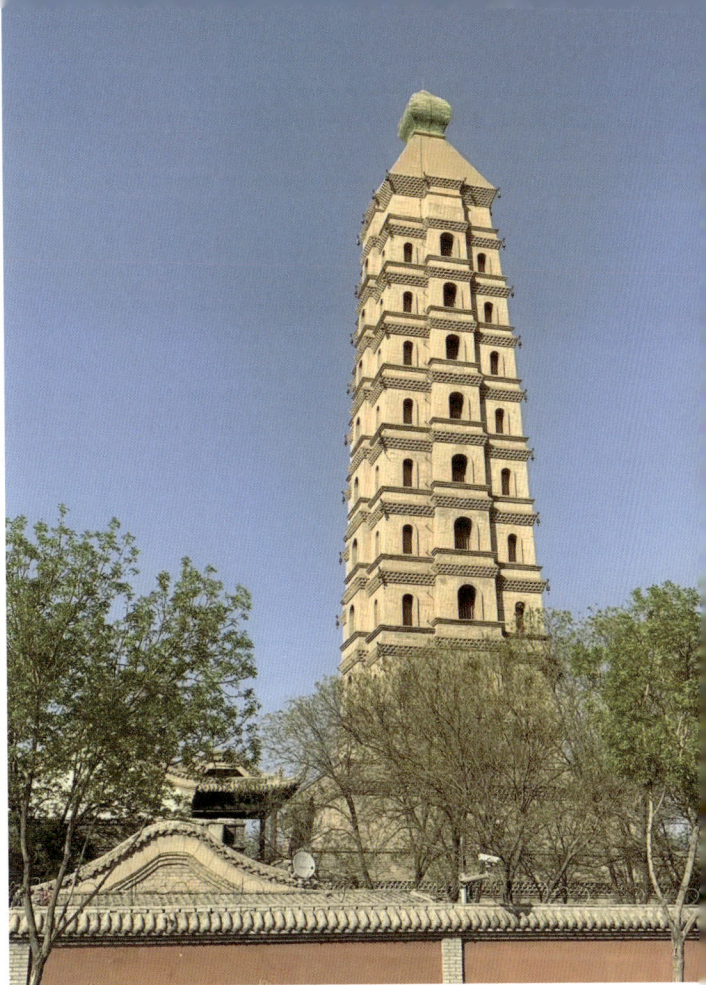

◆ 海宝塔

我游历过很多古塔，唯独海宝塔为我所爱！

在银川，我又一次去南关清真寺，这是我第二次参观。

南关清真寺是中国北方宁夏回族自治区最大的清真寺之一，在宁夏回族人民心目中有很高的地位。清真寺主殿建筑高 26 米，上层大殿可容 1300 人作礼拜。大殿前两侧分别建有 30 米高的"宣礼塔"。

与南关清真寺相媲美的还有"新城清真大寺"，也非常清气而壮美！

青铜峡：青铜峡·黄河坝·108塔·黄河故事

滔滔黄河流……

道道峡谷深……

这是车窗外的景色。

清晨，我从银川市区出发，沿黄河西岸一路南下去青铜峡……

黄河国家文化公园（青铜峡段）建设主要有青铜峡黄河大峡谷、宁夏引黄古灌区世界灌溉工程遗产项目。

青铜峡峡谷旁的古碑

青铜峡

过永宁、望洪、青铜峡市区，骤然，眼看黄河水面逐渐变小，接着，河道突然变窄。

原来，黄河水流已进入青铜峡大峡谷。

在青铜峡峡谷旁，我看见一块石碑上面写着"青铜峡"三个字，这个石碑已经很古老，字迹已经模糊不清。

啊！这就是著名的黄河青铜峡！

站在峡谷边，只见刀劈的山崖，汹涌的水流，升腾的蒸汽，定格成一幅"峡谷水流"风景画！

黄河青铜大峡谷地处宁夏平原中部，是黄河上游最后一道峡谷。峡谷山高水深，两岸悬崖峭壁。传说大禹治水来到这里，劈山成峡，黄河水一泻千里，每到夕阳西下，晚霞与河水互映在峭壁上，呈现出一片青铜色，青铜峡由此而得名。

◆ 乘船探访大峡谷看到谷底"青铜峡"三个大红字

青铜峡大峡谷是由贺兰山余脉、牛首山相夹而形成，全长 8.6 千米，谷宽 700 米，谷深 200 米，最窄处 90 米，素有"塞上三峡""黄河小三峡"之誉。青铜峡景区，已列入国家 AAAA 景区。

"十里长峡，黄河之魂"，这是诗人对青铜峡的感叹！

宋朝的张舜民，在《西征回途中二绝》描述青铜峡：

青铜峡里韦州路，十去从军九不回。

白骨似沙沙似雪，将军休上望乡台。

◆ 黄河大坝

大坝顶上的特殊建筑造型"黄河之水天上来"

黄河坝

餐后，沿青铜峡大峡谷继续前行，来到青铜峡拦河大坝，这又是一座黄河水利枢纽工程。

站在大坝，这里又是一番不寻常的风光，一边是浩瀚的水面，一边是奔腾的水流！

举目眺望，东有庄严肃穆的佛教圣地牛首山寺庙群；西有国内罕见的"一百零八塔"；南是一片开阔的"高峡平湖"库区水面。这就是"塞上明珠"的青铜峡拦河大坝！

大坝管理人员介绍："黄河流域第二座水利枢纽工程青铜峡拦河大坝于1958年开工建设，1960年在青铜峡黄河上修筑了高42米、宽7米、长697米的拦河大坝，并同时建成了装机30.5万千瓦的中国唯一一座闸墩式水电站，形成了一座峡谷型水库。"

青铜峡拦河大坝，不仅仅能发电，还用于灌溉农田，造福人民。

走下大坝，我们直奔灌区。只见纵横的渠道，滚滚的水流，流向大田，流向菜地，流向枸杞园。"塞上江南"，在这里名副其实。

路边，我看见一个牌子，上面写着"宁夏引黄古灌区 世界灌区工程遗产"，已被列为世界名录之中。

宁夏古灌区创始于西汉元狩年间（公元前122—前117年），有2000多年历史，共有支渠近3000条，干渠总长2600多里，共灌田1.8万顷。现已列为黄河国家文化公园（宁夏段）的保护项目。

这时，前边走来一位农民，我顺便与之交谈古灌区的运用——

问："您是哪里人，了解古灌区吗？"

答："知道灌区，我是青铜峡人。"

问："种植多少庄稼？"

答："50亩，是承包田。"

问："用什么水浇灌？"

答："全部是古灌区的水，都是黄河里的水，不用使肥，很天然，没有污染，收益也不小。"

◆ "宁夏引黄古灌区"列入"世界灌溉工程遗产"

讲完，他又补充了一句：

"天下黄河富宁夏，塞上明珠青铜峡"。

108 塔

离开大坝，我们还去探查"108 塔"。

108 塔，位于青铜峡黄河大峡谷西岸。当我站在这里时，面对塔群，一下子就被震撼了！

这，真是稀世珍宝啊！太罕见了！

朝向塔群，我怎么也数不清这 108 座塔！

这时，讲解员解围说："共分 12 层阶梯式平台，由下而上逐层增高，依山势自上而下，按 1、3、5、7、9……的奇数排列成 12 行，形成总体平面呈三角形的巨大塔群，总计 108。"

◆ 一百零八塔

据悉，108 塔是始建于西夏时期的喇嘛式实心塔群，是中国现存最大且排列最整齐的喇嘛塔群之一，是世上稀有的大型塔阵，为全国重点文物保护单位。

在现场，我问为什么取 108 数？讲解员说："这个数字在佛教中是最吉祥的数字，它取自 36 天罡星、72 地煞星，两数相加 108。另外，一年十二个月、24 节、72 候，三数相加 108。佛教认为人的一生有 108 种烦恼，观 108 塔，可以化凶为吉。古代这一段黄河兴风作浪，淹没房屋，于是人们建立了 108 塔，化凶为吉。"

青铜峡，"108"神奇之塔！

青铜峡，"塞上的三峡"！

黄河故事

下午，我特意赶到坐落于黄河岸边的宁夏回族自治区吴忠市利通区

去往中宁的途中作者受邀到黄河河畔韩桥村上讲授《黄河故事》

◆ 作者到黄河边听讲黄河灌溉

高闸镇韩桥村，参加《黄河故事》讲述会，进行现场授课。

讲述现场，我重点讲述国家启动"黄河国家文化公园"建设保护的重大意义和黄河沿线的开工情况，接着讲黄河入海口、三门峡大坝、抗日战歌《黄河大合唱》、黄河河套文化、三盛公水利枢纽工程、横城古渡等，以及沿黄河采访的所见所闻和心得体会。

村支部书记兼村委会主任祝军感触极深："这是一堂最接地气、最生动的黄河故事课。句句说到了我们黄河人家的心里……"

据介绍，正因为韩桥村处在黄河河畔，为此有着得天独厚的水利条件，特别是历史上的古汉渠尚存，全村利用古汉渠浇灌着4000多亩耕地，粮食年年丰收，农民其乐无穷！

之后，我们一起去了吴忠市黄河岸。

◆ 到韩桥村附近的宁夏鑫浩源生物科技股份有限公司讲述黄河故事

　　接着到宁夏鑫浩源生物科技股份有限公司，在逯益民总经理的陪同下，参观了工作区，了解了绿色生产线，并作了一场黄河故事讲座。

　　夜幕降临后，我们到吴忠市区黄河边的黄河楼，体验宁夏的夜晚……

　　黄河之夜，太漂亮了！

◆ 宁夏之夜黄河边的黄河楼

中宁：做客"枸杞之乡"喜看乡村振兴

万顷枸杞园，百里枸杞香……

滚滚黄河水，一泻千里……

这里是"中国枸杞之乡"！

这里被誉为"世界枸杞之都"！

当跨过黄河大桥，进入中宁县域的第一观感是这里仿佛枸杞的世界。

中宁枸杞，为黄河国家文化公园的重要内容。

窗外，大片大片的枸杞园，茂盛生长的枸杞树，郁郁葱葱的枸杞地……这里成了枸杞的园林，枸杞的天下，枸杞的意境！遍地的枸杞，吸引了我。这是我第二次来中宁。

这里是真正的："中国枸杞之乡"！中宁县的枸杞，上乘之上乘。该县隶属宁夏回族自治区中卫市，之所以枸杞有名，得益于黄河的水，黄河造就的沙土地。

◆ 过黄河大桥去枸杞种植基地

这里的沙地枸杞，是一大景观！再向远眺望，只见这里的沟壑、坡梁、谷地、山丘，全是枸杞种植园。

宁夏枸杞世界闻名，它不仅有较高的药用价值，如滋肝、补肾、生精、益气、明目，还有很高的营养价值。它也是固沙造林的好树种，很适宜在沙地中成长，固沙效果特别好，真是一举两得。

为此，宁夏的中卫、中宁、吴忠、银川等地广种枸杞。

作者第一次走进枸杞种植基地

中宁枸杞种植丰收在望

尤其是中宁县，大力发展枸杞业，振兴乡村经济。

参观的路上，遇到河北老乡张书明，他是邯郸市磁县人，在宁夏种植枸杞，所在的地方为中沙绿城（宁夏）农业科技发展有限公司枸杞种植一基地。张书明介绍："海原由于气温低，枸杞质量不比中宁差，但产量比不上中宁。"当问到种枸杞的基地时，他说："一位邯郸人和北京人联手承包了海原县西安镇3万亩荒地种枸杞，支持乡村振兴。"

中宁县是世界枸杞的发源地和正宗原产地，1961年被农业部命名为"中国枸杞生产基地县"，1995年被国务院命名为"中国枸杞之乡"。

中宁县的枸杞好首先得益于土壤。中宁县区域处在黄河沿岸，地形地貌是黄河冲积平原，土壤类型为绿洲土，质地以中壤为主。由于发源于青藏高原的黄河泥沙也带有大量矿物质，淤积又形成了大量的河滩冲积区，良好的土质条件，为中宁枸杞的生长提供良好的生存环境。

枸杞优质第二是水。黄河是宁夏境内的主要河流，中宁县位于黄河两岸，所用水源均来自黄河。黄河水量丰沛，水质优良，是中宁县农业灌溉水源。

在枸杞种植园，我见到了从河北而来开发创业的禹先生，禹先生原在河北省昌黎县葡萄研究所工作，辞职后携全家来到宁夏沙地搞种植研究。在禹先生的影响下，昌黎县不少农民来到这里承包沙地种植枸杞。

枸杞种植地头，我与禹先生交谈——

问："这是多少亩枸杞田？"

禹："30 亩吧！"

问："经济效益怎么样？"

禹："可以吧，收益不错！一年下来买一辆小轿车没问题。"

◆ 中国枸杞馆

禹先生说话很风趣，一定要我到他的家中做客。

在田间，我恰好遇到中宁县农业局的技术员老赵，他介绍说："枸杞，以宁夏为主要产地，尤以宁夏中宁出产的枸杞质量为最佳，

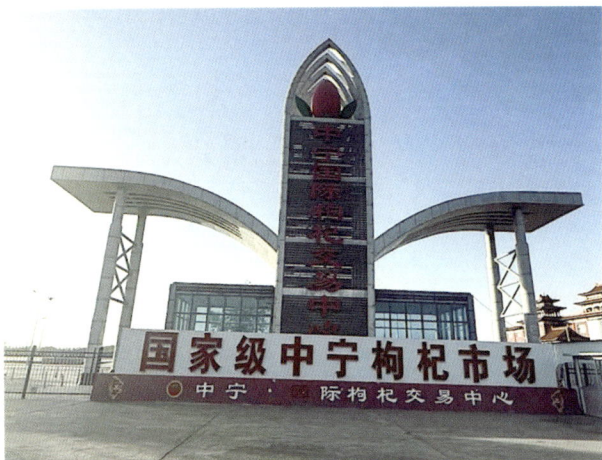

◆ 国家级中宁枸杞市场

是'宁夏五宝'之首的'红宝'。中宁县生产的'中宁枸杞'，是宁夏枸杞的精品。"

中宁县大力发展枸杞产业，目前全县枸杞种植面积43万亩，年产量5万吨，占全国四分之一，农民人均来自枸杞产业的收入占农民人均收入的一半以上。

入夜，我做客枸杞之家，主人姓郝名秋和。餐桌上摆满了枸杞汤、枸杞馍、枸杞酒、枸杞饼……简直成了"枸杞宴"！

开餐后，房主特意唱了枸杞歌《枸杞情》：

天下枸杞，出自宁夏，

宁夏枸杞，中宁闻名。

一方水土一方特产，

黄河水流富了中宁……

中宁，"中国枸杞之乡"！愿这里的枸杞红遍中国！

沙坡头："大漠孤烟直，长河落日圆"

大漠、大漠，又是大漠！

风沙、风沙，又是风沙！

我从中宁沿黄河西行 60 千米，来到中卫的沙坡头。

黄河从沙坡头穿过，带走大量泥沙。为此，沙坡头被列入黄河国家文化公园（宁夏段）建设保护的重要项目。

宁夏虽有"塞上江南""天下黄河富宁夏"之美称，然而它的半壁江山被腾格里沙漠、乌兰布和沙漠和毛乌素沙漠紧紧包围。所以它的防风固沙和阻挡沙尘暴的任务相当艰巨繁重。宁夏人民与风沙斗争，做出了艰苦的努力。

这次沙坡头采风，重点了解这里防风固沙的成效，为此专程去黄河

◆ 风平浪静的沙坡头

北岸的沙坡头。这是我第二次来沙坡头，不由想起第一次来时杨德斌处长带我参观的情况。

杨处长是河北省栾城人，已在这里奋斗了大半生。

当问及杨处长想家不想家时，他沉默了一会儿，接着说：“主要是想老家的娘！特别是娘的离世，接受不了，我在黄河边大哭一场……”

◆ 作者第一次站在沙坡头时风沙弥漫

杨处长说，宁夏河北人很多，就银川市而言，其中 27% 来自河北。那是 1958 年，宁夏回族自治区成立之前，从河北调进大批回族干部，这些回族干部大都是沧县、盐山、南皮人。因为那一带在抗日战争和解放战争年代，有一支抗日救国队伍，与马本斋回民支队并肩作战，在冀鲁

◆ 作者听取治沙经验

战线屡立战功，出现了很多英雄和壮士。新中国成立后，这些英雄壮士大都成了当地的领导干部。

我们来到沙坡头中心地带。杨处长对沙地治理很有研究，特别是对沙坡头的治理了如指掌。他说，沙坡头位于腾格里沙漠的东南边缘。"腾格里"蒙语意为"天上掉下来的"。每年从腾格里而来的黄沙从天而降，混混沌沌，沙浪滚滚，铺天盖地。为此中卫被迫后退 7.5 千米，良田被吞噬。而沙坡头堆积的沙层很厚，其流沙占 70%，被外国专家称作"世界沙漠之祖"。当地人在这里不知修了多少庙，烧了多少纸，点了多少香，祈求神灵，而沙浪依然翻滚。

治理沙坡头！这是宁夏人民的誓言。治沙英雄们经过实践、研究，研究、实践，创造了极简单而又容易的"网罩方格沙障"法。

我问杨处长："具体讲呢？"

答："其实，治沙很简单，就是把草埋到沙地里，弄成方格，流沙一推就是一个包。这个地方都是稻草、麦秸秆，把麦秸秆稻草编起来弄成方格，埋成方格把沙子挡住。"

杨处长介绍说："麦秸秆插进沙地形成一米见方的方格，方格内再

◆ 沙山顶塑像旁有王维的诗：大漠孤烟直，长河落日圆。

◆ 长河落日圆

◆ 沙坡头骆驼

植草造林。果然，这种治沙措施十分灵验，不仅锁住了风沙扬起，还挡住了沙流前进。冬去春来，人们在大片大片的沙丘上撒网格，插秸秆，植树草，形成了浩瀚的绿色长城，锁住了风沙。"

　　宁夏人征服了沙漠，引起了世人的惊愕，许多外国专家来到这里，称赞中国人在治沙上创造了人间奇迹。

　　可喜的是，这里已设立了国家"沙坡头自然保护区"，是全国二十个治沙重点区之一，为国家 AAAAA 级景区，全球环保 500 佳单位之一。

　　我们在沙坡头穿行：那大漠、黄河、高山、绿洲集一并收进眼帘，它既具江南景色之秀美，又兼西北风光之雄劲。这里有享誉世界的治沙成果，有中国三大鸣沙山之一的沙坡鸣钟，还有世界第一条沙漠铁路。在这里既可以骑骆驼穿越腾格里沙漠，也可乘羊皮筏漂渡黄河，咫尺之间可领略大漠孤烟、落日长河的奇观！

　　沙坡头不愧是古黄河丝绸之路上的一颗璀璨明珠。

　　沙坡头，中国治沙的典范！历史不会忘记治沙的人们！

◆ 高庙保安寺

　　我在沙坡头采风,听说沙坡头附近有座高庙保安寺,可登上顶层看"黄河东去"。于是,我走进高庙保安寺。该寺始建于1403年,是一座三教合一的寺庙。我沿24级台阶拾级而上,只见牌坊上的一副对联,上联是:"儒释道之度我度他皆从这里";下联是:"天地人之自造自化尽在此间";横批是:"无上法桥"。

　　当我登上高庙的最高层,又是一番景象。古人咏颂此景:"芦花飞雪涨晴漪,烟雨冥檬望益奇。点点白鸥深处浴,扁舟遥动五湖思。"极目白云天蓝、大漠绿洲、黄河东去、长城内外尽收眼底。

那拔地而起的黄河石林，那静谧安详的黄河母亲雕塑，那碧波荡漾的刘家峡水库，那神秘的炳灵寺石窟……黄河在甘肃段过甘南、临夏、兰州、白银等地，流程长度约913千米。兰州是黄河全程唯一穿越而过的省会城市，且黄河入甘肃境内两进两出，造就了很多奇妙的自然现象和人文景观。黄河国家文化公园（甘肃段）"一带、五廊、六区、多点"布局。"一带"即黄河干流文化带；"五廊"即大夏河、湟水、洮河、渭河、泾河文化廊道；"六区"即"黄河上游生态文化区""以史前文化遗址为核心的中东部大遗址保护区""以兰白都市圈为核心的现代都市文旅融合区""以陇东黄土高原为核心的农耕文化传承区""以会宁和南梁为核心的红色文化区""以敦煌文化为核心的文明互鉴展示区"；"多点"即各特色景观点。

第七章

甘肃段：黄河唯一两进两出的省份

景泰：黄河石林·索桥古渡·永泰龟城

风裹着沙，沙卷着风，一路沙尘……

从宁夏中卫启动，沿黄河西行半小时车程进入甘肃省边界。

甘肃，是黄河溯源第七个省，黄河石林是第一站。

◆ 在黄河石林寻访小朋友观感

黄河石林

进入甘肃省地界后，我沿黄河西行，过金坪，一小时车程来到黄河沿岸的景泰县中泉乡龙湾村。

黄河石林到了。黄河石林已被纳入黄河国家文化公园重点建设保护之列。在黄河石林景区门前，立有一个宣传牌，上有黄河国家文化公园介绍。

在景泰县文旅局

王明远主任的带领下，我们走进黄河石林。

我们穿行在山谷峰地，顿时被石林的怪石嶙峋的景象所震惊：那光怪离奇的山石峰顶，有的像猴、像马、像羊，有的如殿、如塔、如亭，有的似棒、似杆、似锤……千奇百怪、巧夺天工、万象夺目！

这就是著名的黄河石林！

这就是黄河岸边的怪景！

其实，这里的石林开始并不为世人所知，就连长年生活在这里的龙湾村百姓都没有意识和感觉到这里的奇石奇景有什么观赏价值。因为，这里太偏僻、太封闭了，就连"石林"的名字也是后来叫响的。

在石林中，我遇到一位老农，他就是龙湾村人。于是我询问这位老农——

问："你是这村的原住民吗？"

老农："是！我们村里的人都是古时候逃难过来的。"

问："何时逃难来的？"

◆ 黄河石林怪石林立

在黄河石林听讲石林形成

◆ 眺望山峰鬼斧神工

老农："几百年前吧！因为生活所迫而迁徙到这里，过去没有人住。"

问："大概是什么年代？"

老农："明朝以前吧！"

据了解，这里与世隔绝，直到新中国成立后这个村才被发现，他们才被真正纳入当地编制。

老人还说，他们与外界联系的唯一途径就是石林间的一条由水流冲刷出来的"路"，毛驴车是他们唯一的交通工具。

那么，石林这个景点是何时发现的呢？当地人说，1990年，核工业部地质队的地质工作者在龙湾村一带进行调查时，首次从地质景观的角度提出了黄河石林具有很高的美学价值和观赏性，并提出了开发建议。

之后，在此拍摄的电视连续剧《天下粮仓》《西部热土》《汗血宝马》《惊天传奇》《大漠敦煌》等播出后，很快使"黄河石林"名扬天下。

黄河石林是如何形成的呢？讲解员王艳艳介绍说："据科学家考证，

石林发育生成于 400 万年前的第三纪末和第四纪初的地质时代。由于地壳运动、雨蚀等地质作用，形成了以黄色砂砾岩为主，造型千姿百态的石林地貌奇观。它由燕山运动、地壳上升、河床下切，加之风化、雨蚀、重力坍塌的结果，国内实属罕见。"

黄河石林现已被列为甘肃省地质遗迹自然保护区、国家级地质公园、国家 AAAA 级景区。被中国黄河旅游大会誉为"中国黄河 50 景"之一。

景区包括古石林群、黄河曲流、龙湾绿洲、坝滩戈壁、西番窑丹霞地貌等，堪称"中华自然奇观"不为过。

索桥古渡

参观黄河石林后，在景泰县文旅局陈秀琴陪同下，去景泰县芦阳镇原索桥村索桥园子东北的黄河索桥古渡。索桥古渡已被列为黄河国家文化公园的保抢修护项目。

经过一路颠簸，到达索桥古渡。陈女士说："渡口始建于汉唐，是古丝绸之路北线重要黄河渡口之一，横跨景泰和靖远两县，东岸通向靖远的哈思堡，西岸接景泰的芦阳镇；其地河面较宽，水流平缓，两岸山势陡峭。"

据史料记载，索桥渡口最早以木船和羊皮筏子摆渡。明万历二十九年即 1601 年，两岸修建索桥，河面上排 24 只大船，两岸四根铁铸"将军

◆ 行走在索桥古渡

柱"，用草绳系船成桥，故名索桥。后被河水冲毁，其遗迹尚存。遗址桥墩系绳铁柱已被拔去，仅存一口径2.2米、深2米的土石坑。

我们在现场看到，桥墩围院石墙垮塌，桥墩顶部边缘有一道石砌围院，围墙已垮塌成为残墙。

索桥堡原名铁锁关，建于黄河两岸。明万历二十九年（1601年），河东建铁锁关，门上有石碣，额曰"索桥堡"。明万历四十二年（1614年），于河西建索桥堡，位于索桥堡烽火台和索桥堡桥墩遗址中间的台地上。两岸堡内居民300多户，景泰境内的住户较多。现存索桥堡石城遗址、街道、屋墙、关墙，虽大部残缺，但还能辨认出院落、店铺、门楼等。城外残存有渡口"将军柱"台基、瞭望哨所、庙宇、烽燧等遗址。

索桥堡内有房屋遗址和寺庙遗址。现堡城已成为一片废墟。寺庙遗址东南侧40米和东侧约30米各有一民国时期的河防观察哨所。

索桥古渡地跨黄河两岸，自古以来就是兵家必争之地，明朝廷选择这里作为明长城（新边）的起点，国民革命时期设立河防观察哨所，足见其重要的地理位置和军事战略位置。这里既是我国古丝绸之路北线上一个重要的黄河渡口，也是商旅来往东西方的重要驿站。

之后，我跟陈女士北行100多米，来到了明长城伸进黄河的龙头。明长城伸进黄河的龙头遗址阴森森的！

◆ 在黄河长城交汇处了解水位的升降

我和陈女士步步靠近明长城龙头，靠近、靠近，再靠近……直到近在咫尺！

哇！我

的天！真让人胆战心惊啊！

看吧：眼下黄河激流勇进！

听吧：俯瞰黄河涛声依旧！

再看：一条巨大的长城身躯一头扎进黄河之水，这就是明长城龙头：宏大、伟岸、壮丽！

我大喊："明长城龙头遗址！"

站在明长城龙头，感慨万千，心想：沿着这段长城西去，可以直达嘉峪关，怎不令人感叹呢！

陈女士说："甘肃省境内现存长城较长，是长城资源大省，又是秦、汉、明三代长城西端终点，长城文化非常厚重！"

说到这里，陈女士接着讲，"长城国家文化公园（甘肃段），建设8个长城特色展示点中有景泰县。"

永泰龟城

下午，我们特意到永泰龟城探访。

永泰龟城处在景泰县寺滩乡老虎山北麓，因城堡形似金龟得名。

当我们到达这里时，永泰村党支部书记李积军、永泰小学老师李崇仁在城门前迎候。

面对永泰城，李崇仁老师介绍："永泰城是丝绸之路沿线的明代军事城堡，始建于明万历三十五年（1607年）。城墙周长1710米，城东、西、北三面各筑半月形封闭的月城。"

◆ 在永泰龟城门前李崇仁老师讲解龟城的历史

◆ 俯瞰永泰古城为龟身形状（县文旅供图）

　　我们看到城址现存较为完整的有城门、城墙。进城后，我们参观古民居、甘露池、五眼井等多处古迹。

　　走进城中的永泰小学，李老师说："学校建于民国三年，中西式建筑风格，保存完整。"

◆ 沿古街土路参观

李老师接着说，药祖楼、真武楼、文魁阁、镇番阁、关帝庙、三官庙、四圣阁、灯山阁等古建筑均被毁损，唯存遗迹。

借助天独厚的地理优势，永泰城址作为军事城堡，给这座古城留下了非常宝贵的人文生态遗产。它是兰州北部的战略屏障，从这里向东渡黄河可抵达西安，向西沿古驿道可进入丝路重镇武威。站在永泰城上就能看到永泰城北面一马平川，是排兵布阵的好地方，南面是山大沟深的老虎山，是退守隐蔽的好去处。

陈女士介绍说："永泰古城距今 400 多年历史，为古军事要塞，现住84 户农民。古城伸向长城方向建有数十里的烽火台，并与景泰全县 69.3千米长城、101 座烽火台相连，起到保护国土的作用。1936 年，中国工农红军红四方面军，过河部队在景泰与敌浴血奋战，取得'一条山战役'的胜利。董振堂军长带领的红五军 11 月 9 日晚在永泰古城住了一夜。"

永泰城的名声还在于《美丽的大脚》《雪花那个飘》等影视剧在这

◆ 作者讲述黄河故事、重庆大学瞿杨溢博士讲黄河带上的乡村振兴

◆ 听讲解员介绍西路军在景泰县的事迹

里拍摄。

最后，在永泰村村委会办公室前，我应邀讲"黄河和长城故事"。我结合自己沿黄河采访的所见所闻，重点讲述国家启动"黄河国家文化公园"的重大意义。

在此调研的重庆大学瞿杨溢博士讲述乡村振兴。

在景泰县采风期间，景泰县委宣传部部长张树军特意对我说，一定看看《西路军在景泰》展厅。

展厅前的一面墙上写有"打通国际，抗日北上"八个大字，非常醒目，讲解员芮艳琼做了详细介绍。1936年10月，红四方面军一部奉命强渡黄河后击败敌军并向一条山奋勇进击。10月30日，红四方面军在这里排兵布阵，红军战士与数倍于己的敌军浴血奋战15天，歼敌3000多人，彻底打垮了敌军在景泰地区的防线。

黄河石林，山水相依，壮阔而秀美！

索桥古渡，古老遗迹，粗犷而精彩！

永泰龟城，神秘奇特，流连而忘返！

河西走廊：丝绸之路・支边情・"三关"热

"河西走廊"，顾名思义，黄河西边的走廊。

我从景泰出来，应该沿黄河西上，而这时黄河却改变方向南去。我询问当地人才知道，西边有乌鞘岭阻拦，才改成南北流向的。

去河西走廊，必过乌鞘岭。

乌鞘岭，是丝绸之路的要道，是通过河西走廊去新疆的门户。

◆ 河西门户乌鞘岭

沿黄河采风，当然要去河西走廊。

景泰县到乌鞘岭不通高速公路，且连铁路也不通。这里的地势明显高，这就是为什么黄河从这拐弯改向，就连国家修铁路也是由此南下。

我是从景泰县城绕路天祝到达乌鞘岭的。

丝绸之路

乌鞘岭藏语称哈香聂阿，意为和尚岭，位于天祝县境中部，海拔3562米，为我国自然环境中的一条界山，处于我国三大自然区的交会点上。在地形上，它位于黄土高原、青藏高原、内蒙古高原三大高原的交汇处。

历史上西汉张骞出使西域，唐玄奘西天取经，都曾经过乌鞘岭。岭上原有韩湘子庙，约建于明代，香火甚旺。范长江所著《中国的西北角》说："过往者皆驻足礼拜，并求签语，祈求一路平安。"

当我登岭之上，看到南部的马牙雪山峻奇神秘，玉质银齿，直插云天。清澈湍急的金强河像一条洁白的哈达，飘然而出，滚滚朝东，折向南去，汇入滔滔黄河。

站在乌鞘岭，心情分外激动！西看就是河西走廊，昔日的"丝绸之路"。

河西走廊位于黄河以西、祁连山和巴丹吉林沙漠中间，是呈北西—南东走向的狭长地带。因位于黄河以西，又形如走廊，故名河西走廊。东西长约1000千米，南北最宽处近200千米，最狭窄处只有数千米。主要涉及武威、张掖、酒泉、嘉峪关等城市。河西走廊在推进西部大开发形成新格局、黄河流域生态保护和高质量发展中具有重要作用。

行走在河西走廊，整个长廊被大山和沙漠夹击。每当西伯利亚的大风吹来，这里成了"风沙"源，沙尘沿着走廊、"丝绸之路"这个大通道刮向东部。为此，河西走廊的风沙治理和生态建设一直是甘肃省委省

◆ 骑行沙漠骆驼重走昔日"丝绸之路"（丁改生 摄）

政府的重要议事日程。退耕还林还草、规划水利水电工程是河西走廊各市县领导常抓不懈的紧迫工作，以保障"丝绸之路"畅通。

◆ "丝绸之路"的铜奔马

我脚下踏的就是丝绸之路。

到达武威，我参观了雷台出土的铜奔马——"马踏飞燕"。这件世界级艺术瑰宝高34.5厘米，长45厘米，宽13厘米，重7.15千克。骏马做昂首嘶鸣、飞速奔跑状，三足腾空，一足在奔跑中掠到了一只飞鸟的背上，飞鸟惊讶地扭转头，注目惊视。从雷台出土文物看，"丝路"并不是一条平静的古道。为了这条路的平安，古人备好战马，随时准备反击。绝世珍宝——马踏飞燕，带领着数十辆铜马、铜俑战车，杀气腾腾，威武庄严，看了使人联想到古人为了这一方热土驾马驰骋的壮观场面。

"马踏飞燕"为东汉青铜器，以超凡的铸造技艺著称于世。早在汉代，凉州先民就运用现实主义与浪漫主义相结合的艺术手法，定格了天马凌空、腾越飞鸟的神骏形象，表现了中华民族奋发向上、豪迈进取的精神面貌。

在河西走廊，在丝绸之路，这里挂"台"的名字很多。离开雷台，我到达高台。高台属张掖地域。

在战争年代，"丝路"成为战略要地。"丝路"途中，高台十分引人注目，那里掩埋着中国工农红军数千名官兵，它是捍卫"丝路"的见证。1936年，徐向前统帅两万大军转战祁连山，血染"丝路"；1937年1月，董振堂带兵攻占甘肃省高台县城后，被国民党马步芳部2万余人包围，董振堂和3000多名将士壮烈殉难。董振堂，河北省新河县人，1934年10月率部参加长征，1936年1月，任红军第五军军长。8月，奉命率部参加西路军。

捍卫"丝路"的何止是徐向前元帅和董振堂将军呢？西汉张骞出使西域，在河西走廊与匈奴大战，为"丝路"写下了光辉的一页；写下"匈奴未灭，何以家为"的骠骑将军霍去病，两次祁连山之战，大胜匈奴，夺回河西走廊版图……

河西走廊，丝绸之路，又是一条生态路。这里的野山羊"吃的是甜甘草，喝的是矿泉水，走的是黄金路"。甘草是中草药，遍地皆是；矿泉水是融化了的祁连雪水；黄金路是地下有金矿。

相伴"丝路"的还有蜿蜒起伏的汉长城。汉长城是汉武帝开拓西域后，沿"丝路"修筑的庞大防线，防止匈奴侵袭，保证丝绸之路通行。汉长城动用了成千上万的民众，花费了20多年的时间建成，它可谓是劳动人民智慧的结晶，中华民族的象征。

沿着丝绸之路行，满眼五彩缤纷的自然风光。仅张掖市临泽县倪家营乡南台的丹霞地貌就已令人如痴如醉……

丝绸之路的生态环境治理，不会忘记为绿色作出贡献的功臣们。在酒泉采风，我们看到公园里有一株参天的柳树，那是左宗棠亲手所植，它已列为国家重点保护文物，供人们瞻念。酒泉本来有"葡萄美酒夜光杯"的美誉，在西部开发的今天，葡萄、美酒、夜光杯显得逊色，而"左公"柳却引得人们关爱。凡是到酒泉公园的游客，观望"酒泉"池，必看"左

高台中国工农红军西路军纪念馆中有董振堂等烈士的照片

公"柳。在"左公"柳前合影留念的人群络绎不绝。

"绿水青山就是金山银山"。增强绿化意识，大搞生态建设，已成为河西走廊人民的共识。他们发扬前人治沙造林的艰苦精神，沿丝绸之路展开了一场前所未有的生态工程之战。从祁连雪山到腾格里、巴丹吉林沙漠，从乌鞘岭到玉门关口，处处摆开了堵风口、治荒漠、抵流沙的战场。"引得春风度玉关"，这一脍炙人口的豪迈誓言，必将变成现实。

支边情

昔日，左宗棠不远万里来到河西走廊，动员千军万马栽种杨柳，引渡春风，为大西北献力。全国各地支边者从四面八方云集于此，建设大西北，开发大西北。

开发大西北，包括开发一些旅游景点。沿途，我看到新开发的景区，如大漠骆驼、大漠骑行、大漠野炊、大漠徒步等。

在支援西部的大军中，涉及全国各地，也有许许多多的河北人，当这些人见到我们时，有说不完的话，唠不完的情。这是我第三次来这里，我还记得第一次到这里采访的人和事。

原酒泉地区副专员是河北邯郸人，他说，不要说整个河西走廊，光是在酒泉地区工作的河北人就有上万人。河北省有个石油学校，酒泉有著名的石油基地，每年有大批学生分配到玉门，这批河北人已成为石油生产的主

◆ 丹霞地貌

◆ 讲述支边情

力。在 20 世纪 50 年代，河北有大批支边青年奔赴大西北，在大漠戈壁献出了宝贵的青春。献了青春献子孙，这些人都在大漠成家立业，且子女大都继承父业，战斗在西北各条战线。酒泉是军事要地，河北输送了许多子弟兵，这些军人复员转业后，在当地担当起了建设大西北的重任。

支边青年、转业军人和石油学子三方面均在大漠中形成了河北人建设大西北的主力军。

我下榻的酒泉宾馆，经理杨晓琳就是河北安次人。当她从乡音中听出我们是河北老乡时，分外激动，热情接待了来自老家的客人。话一扯开，根本刹不住嘴，动情时还闪现出泪花儿。她说，她的父辈是支边青年，20 世纪 50 年代初就来到茫茫的大漠，尽管自己的老家在河北，可是她生在大漠，长在大漠，成年后又工作在大漠，河北已经遥远，但她说她的根系必定还在河北，脉搏里是河北的血缘，与河北有剪不断的情。

任凤梅是原酒泉地区人事局局长，午间一起就餐时才听出是河北老乡。老乡见老乡，两眼泪汪汪。任凤梅居然端起酒与老乡连碰五杯，真是"酒逢知己千杯少"。之后，流下了热泪。她介绍，刚来大漠生活特别苦，一天三顿面，早晨面，中午面，晚上还吃面；现在好了，早晨肉，中午肉，晚上还吃肉。任凤梅曾在河北安新县挂职，至今，白洋淀的水，白洋淀的人，白洋淀的芦苇还使她留恋想念。

在疏勒河畔走访，有一个正在兴建中的昌马水电站，承揽这个工程项目的是河北涿州水电第五工程局。工程局 400 多名建设者全是河北人，他们在大漠戈壁中为西部开发奋斗着。工程局的骆建华书记介绍，水在戈壁沙漠尤为重要，没有水就不能生存，种树种草办企业上项目都是一句空话。承建昌马水电站，目的是拦截疏勒河峡谷中的水流，用来发电和灌溉。拦河坝高 54.8 米，库容量 1.8 亿立方米，资金来自世行贷款，这是国家开发西部的一项重点工程。讲到这里，周建厅主任接过话语："我们这些来自燕赵大地的建设者，为祖国大西北，为大漠戈壁，一定要出色地完成施工任务，请全国人民放心！请河北的父老乡亲们放心！"

昌马工地多为年轻人，还有不少女同志。她们为了西部，抛家舍业从河北来到戈壁大漠，恶劣的气候环境和艰苦的工作条件是可想而知的。白萍是一个 30 岁出头的女同志，已在这里奋战了 3 个年头。她在接受采访时深情地说："我的家人都在河北涿州，要说不想家那是假话，但是一想到我们是为了国家，为了西部开发，感到浑身充满了力量，心里特别高兴！"说着说着，白萍激动地唱起来："踩着大漠，顶着蓝天，牵着长城，骑着祁连……"

在酒泉，一位军人来自河北。他叫魏建敏，是河北栾城北浪头村人，原在酒泉空军某部研究航天技术。这位河北老乡说话十分含蓄，他说，住在西北大漠，干着天上工作，为在天空创造奇迹，给国人以惊喜！

在玉门，有一个叫郝玉恒的老支边人，他是河北栾城人，他在玉门市北一百多千米的国营黄花农场一分场工作，在这里一干就是大半生……

"三关"热

汽车离开酒泉朝西进发，嘉峪关出现在眼前。河西"三关"即指嘉峪关、阳关和玉门关。西部开发以来，"三关"地带成为关注的热点，人们纷至沓来，感受长城，"三关"热不断出现。

　　酒泉到嘉峪关只有 20 千米路程。嘉峪关是明代万里长城的最西端，被称作"天下第一雄关"。

　　当我们登上关楼时，确有"遥瞻大荒，气概无限"的感觉。

　　嘉峪关的内城、外城、城壕三道防线成重叠并守之势，壁垒森严。与长城连为一体，形成五里一燧，十里一墩，三十里一堡，一百里一城的军事防御体系。

　　我登上悬壁长城，体会它的雄伟。悬壁长城是嘉峪关西长城的重要组成部分，城墙陡峭直长，垂若悬臂，有"西部八达岭"之称。悬壁长城下，建有古丝绸之路雕塑群，雕刻了中国古代在嘉峪关地区有过记载的张骞、霍去病、班超、玄奘、马可·波罗、林则徐、左宗棠七位主要历史人物造像。张骞两次出使西域，霍去病率军攻伐匈奴，唐玄奘西天取经，意大利人马可·波罗东入中原都在这里留下过足迹。

　　嘉峪关市已把旅游资源作为开发的重点。让人们不仅领略悬壁长城

◆ 嘉峪关下作者与村民交流乡村振兴讲《长城和黄河故事》

还可欣赏墨山岩画、地下画廊、"七一"冰川、祁连积雪、瀚海蜃楼等独具特色的西部风光；亦可体味龙林探视、沙漠驼铃、赖河旅行、花海魔城探险等西部独有的情调。

在嘉峪关，我又一次走进嘉峪关佑一村，做客胡佳瑛家——

问："几口人呢？"

胡："5口。"

问："主要从事什么？"

胡："养殖业。"

问："年收入呢？"

胡："十来万吧！是乡村振兴带来的好生活。"

最后，我受邀在她的菜园里讲述了一场《长城和黄河故事》。

从嘉峪关西走400多千米路程，到达阳关。

阳关，因坐落在玉门关之南而取名阳关，始建于汉武帝元鼎年间，为通往西域的门户，又是丝绸之路南道的重要关隘。

我在阳关现场看到，这是一座被流沙掩埋的古城，一座被历代文人墨客吟唱的古城。这里残存部分房屋、农田、渠道等遗址。自古以来，

◆ 阳关

◆ 玉门关

阳关在人们心中，总是凄凉悲惋，寂寞荒凉。今日的阳关，不再是王维笔下"西出阳关无故人"凄凉委婉的代名词，如今的阳关已是旅游的热点。

与阳关遥相对应的是玉门关。

玉门关遗址地处河西走廊最西端。玉门关遗址以小方盘城遗址为中心，包括城址2座，烽燧20座，长城遗址18段，已开放有小方盘城遗址、大方盘城遗址和当谷燧周边汉长城遗址。玉门关又称小方盘城，建于公元前111年左右。为丝绸之路通往西域北道的咽喉要隘。

玉门关，因古代是西域美玉入关的关口而得名。

玉门关，是"三关"中古人引诗最多之地。

王之涣："黄河远上白云间，一片孤城万仞山。羌笛何须怨杨柳，春风不度玉门关。"

王昌龄："青海长云暗雪山，孤城遥望玉门关。"

李白："长风几万里，吹度玉门关。"

丝绸之路，文化底蕴绚丽多彩深奥！

河西走廊，黄河西部历史遗迹浓厚！

兰州：黄河母亲像·黄河铁桥·白塔山

兰州位于甘肃省中部黄河上游，是历史悠久的黄河文化名城。

黄河国家文化公园（兰州段）着力打造成"黄河之滨"——具有知名文化符号和鲜明地域特色的城市名片。

兰州是古"丝绸之路"重镇，依山傍水，山清水秀，是黄河唯一穿城而过的省会城市，被誉为"黄河之都"。城区呈东西沿黄河展开，夹河开通了两条20多千米的滨河公路，成为目前全国最长的市内黄河大道，与马路相伴。黄河岸边名胜、古迹、景点众多，有黄河母亲雕像、黄河铁桥、黄河雁滩、白塔山、白云观、白衣寺、五泉山等。

黄河母亲像

我在兰州采风，首先来到黄河岸边的黄河母亲雕像前。这里围观很多人，都在欣赏雕刻的艺术。雕塑主题是一位慈善的母亲温柔地注视着怀抱中的婴儿，下边是黄河水波和鱼纹。雕塑勾画出黄河母亲的风采，象征了哺育中华民族生生不息、不屈不挠的黄河母亲和快乐幸福、茁壮成长的华夏子孙，令人遐想……

石碑上写着"献给中华民族的摇篮——黄河母亲"。

整个雕塑为花岗岩质地，长6米、宽2.2米、高2.6米，总重量达40余吨。

◆ 黄河母亲像

据了解，在全国以雕塑形式表现中华民族的母亲河——黄河为数不少，论风格和艺术表现力，兰州的"黄河母亲像"可算是黄河的雕塑艺术品中最漂亮的一尊。作品由甘肃著名雕塑家何鄂女士创作，在全国首届城市雕塑方案评比中获得"优秀奖"。

导游介绍，"黄河母亲像"是何鄂女士12年敦煌莫高窟临摹的艺术结晶。作品以母亲的博大、坦荡、慈爱、端庄，象征着黄河作为中华民族孕育者的母亲形象，也象征着中华民族源远流长、气度大方、不断创造文明的时代精神。

我问导游："为何雕塑起名黄河母亲？"

答："早在远古时期，我们的原始先民就繁衍在黄河流域。由于当地气候温和，水文条件优越，有利于农作物生长，我们的先民们便在此定居。为此，中国文明初始的夏、商、周及后来的汉、隋、唐等几个强大的统一王朝，其核心地区都在黄河中下游一带；反映中华民族智慧的许多古代经典文化著作产生于这一地区；标志古代的技术、发明、创造、文学、艺术等也同样产生在这里。所以，黄河孕育了中华文明，黄河哺育了中华儿女，为此，我们把黄河比作母亲。"

我问："具体怎样解释黄河母亲雕像的内涵？"

导游说："著名的雕塑家何鄂女士创作的是一位神态娴雅的母亲在黄河岸边怀抱幼儿的情景，象征了哺育中华民族的黄河母亲。黄河母亲秀发飘拂，神态慈祥，身躯颀长匀称，曲线优美，微微含笑，抬头微屈右臂，仰卧于波涛之上，怀中的男婴，举首憨笑，显得顽皮可爱。雕塑构图寓意深刻，雕塑下基座上刻有水波纹和鱼纹图案，源自甘肃古老彩陶的原始图案。该雕塑构图简洁，寓意深刻，反映了甘肃悠远的历史文化。"

我对黄河母亲雕像印象极深，每次来兰州都要在此停留！

黄河铁桥

采风第二个景点是黄河铁桥，又名中山桥。我沿黄河岸穿行于滨河路中段，停在白塔山下，又一次看到宏伟的黄河铁桥。

"一桥飞架南北，天险变通途"。望着这座铁制大桥，更加感怀黄河母亲河的伟大，人类的智慧和聪明，让黄河永驻人间。

兰州黄河铁桥长233.5米、宽8.36米，其中车行道宽6米，两边人行道各宽1米，由4墩5孔组成，桥上飞架5道弧形钢梁。这座百年的老桥，过去曾有"天下黄河第一桥"的美誉。

纵观历史，兰州人很早很早就有在黄河修桥的梦想。

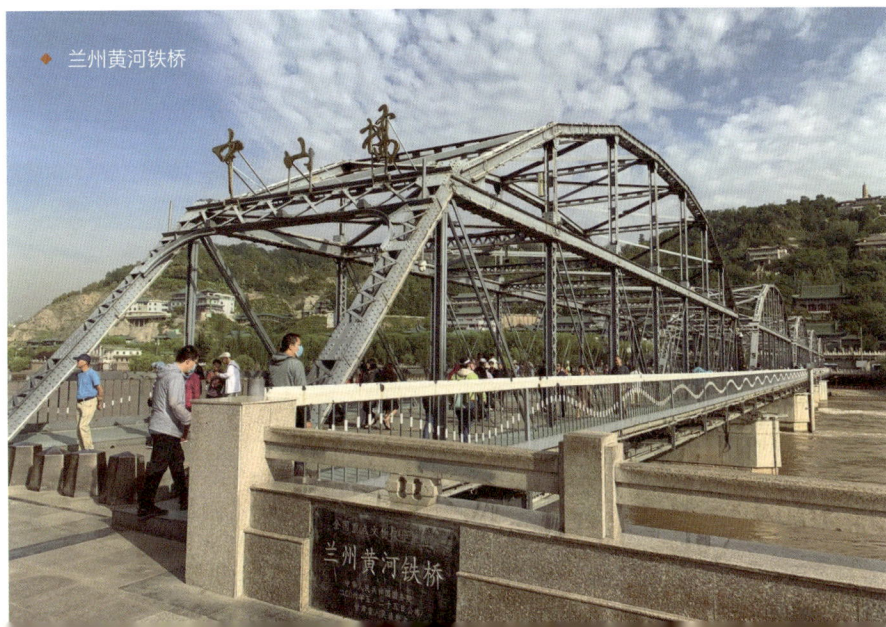

◆ 兰州黄河铁桥

兰州城这个地方，最早并没有桥。据了解，很早以前是冰桥，每年严冬黄河结冰后，河面成了天然桥梁。后来人们用皮筏子做桥，把牛皮或羊皮做成筏子过河。接着搭建浮桥，用油麻绳联结船只固定，上面行人过车。

清同治年间，陕甘总督左宗棠督师西征受阻，曾拟修造一座跨河铁桥，但最终没能实现。

历史跨越到清光绪三十四年（1908年），兰州黄河铁桥工程正式开工。清宣统元年即1909年，兰州黄河铁桥竣工通行，就是眼前的这座百年铁桥。当然，随着材料的老化，桥身不断进行加固更新。

兰州黄河铁桥已列为第六批全国重点文物保护单位。

过去的"天下黄河第一桥"已成历史，现在兰州出现了更先进、更宏伟、更现代的黄河大桥。

白塔山

从黄河铁桥北上，沿坡而上就是白塔山，临靠黄河北岸。

白塔山以"白塔层峦"列为兰州八景之一，白塔山因白塔寺而得名。

我拾级而上，半小时爬到山顶，近距离观看白塔寺。

塔旁边立有一匾，上面显示：白塔寺始建于元代，约公元1228年，是一位西藏著名喇嘛为纪念成吉思汗病故于兰州而建造的。

在现场，我看到白塔七级八面，高约17米，下筑园基，上着绿顶，各面雕有佛像，檐角系有铁马铃，塔外通涂白浆，如白玉砌成。

眺望角檐，我想到清人秦维岳诗云："北上环拥势嵯峨，塔影巍然最上坡。"

白塔山1958年辟为公园，分为三台建筑群，依山而筑，飞檐红柱，参差有致，各建筑以亭榭回廊相连，四通八达。

山上原有象皮鼓、青铜钟、紫荆树，古称"镇山三宝"，现紫荆树

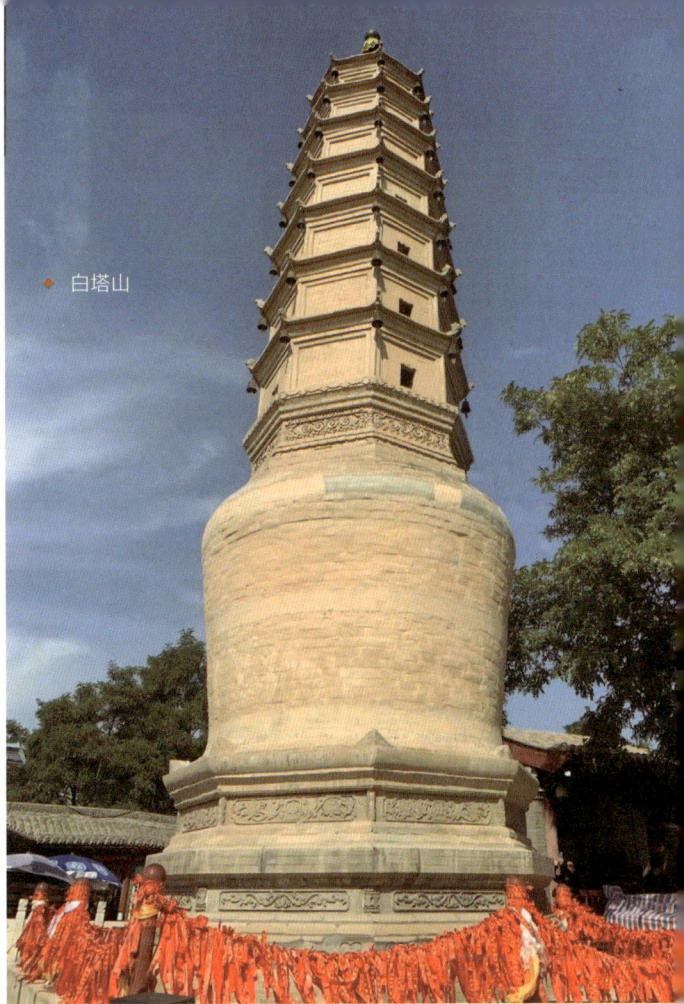
◆ 白塔山

已枯死。白塔山经过多年绿化，树高林密，曲径通幽。

公园内独特的"黄河奇石馆"藏石丰富，和裕固族接待帐房实为少见，独具风格。山下为黄河铁桥，使二者连为一体，成为兰州市的一大看点。白塔几经强烈地震，毫无损伤，显示出中国古代劳动人民建筑之科学精巧，智慧之高超绝伦。

我爬至白塔山山顶，看到迎旭客阁，东、西、北三山之巅还有东风亭、喜雨亭。

登临诸殿阁，可凭栏远眺日出，放眼黄河，气象万千。

白塔山上树高林密，曲径通幽。站在山上，俯瞰全市景观及九曲连环的母亲河。

这就是白塔山！无疑，它是兰州市的地标。

白塔山开辟成公园后，古典式建筑群、雕梁画栋、飞檐斗拱、百花亭、驻春亭、牡丹亭、喜雨亭及记载大禹治水的"夏禹岣嵝碑"等很有欣赏价值。

晚间，我们特意走进黄河岸边的"兰州牛肉面"餐馆，享受当地特色小吃。

兰州，充实着黄河文化！

兰州，因为黄河而繁华！

刘家峡："高峡出平湖"

几经翻山越岭，几度跋山涉水，来到永靖县。

永靖县，隶属于临夏回族自治州，县政府驻地刘家峡镇，海拔1580米。

到达县城后倍感新奇，尽管城区不大，却又现代又古老。透过历史遗迹，了解到永靖县是古丝绸之路上临津渡的所在地，汉朝张骞出使西域，隋炀帝出巡祁连，文成公主进藏，都是从临津渡过黄河的。

在县城小歇，接着驱车去刘家峡大坝。

路上，司机介绍，黄河西从积石峡流入永靖县域呈独特的S形，进入刘家峡水库，经县城刘家峡镇，再流入盐锅峡水库、八盘峡水库，形成三大阶梯水库，境内流程107千米。

永靖县除黄河外还有洮河、湟水。洮河系黄河一级支流，从临洮县红旗乡流入境内至刘家峡入黄河，境内流程13千米。

湟水为黄河一级支流，从

在刘家峡旁询问当地群众对水库的保护

青海民和县流入永靖境内，沿北部边境流至焦家村入黄河，境内流程30千米。

20分钟车程，我抵达被誉为"高原明珠"的刘家峡大坝。当我站到坝上，面对茫茫水域，一下子惊叹不已！

◆ 奔腾的刘家峡水流

这就是我日夜梦想中的刘家峡水库！

这就是当年雄踞亚洲第一的水电站！

昂首远眺：那伸向远方的水面，波光粼粼；那竖立在水域的山体，巍然屹立！

◆ 与洮河相遇形成"黄洮交汇"奇观

◆ 俯瞰刘家峡水利枢纽全景

低头凝视：那奔泻而下的水流，汹涌澎湃！那腾起的浪花，五彩绚澜！这一壮观的画卷怎让人不激奋呢？

1971年9月18日，郭沫若来刘家峡视察时，填《满江红》词一首：

成绩辉煌，叹人力真正伟大；回忆处，新安鸭绿都成次亚。自力更生遵教导，施工设计凭华夏；使黄河驯服成电流，兆千瓦。

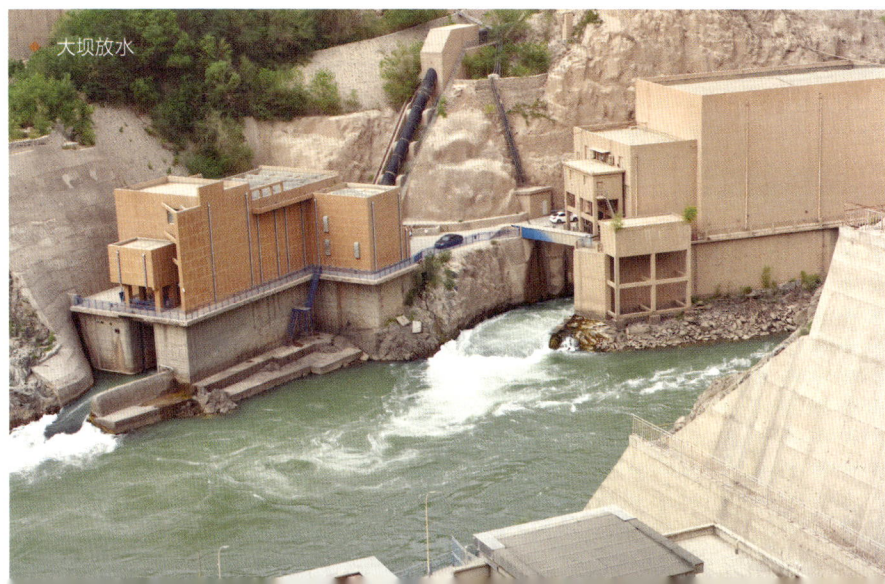

◆ 大坝放水

◆ 刘家峡水库

　　绿水库，高大坝，龙门吊，千钧闸。看奔腾泄水，何殊万马！一艇风驰过洮口，千岩壁立疑巫峡。想将来，高峡出平湖，更惊讶！

　　信步于大坝，心潮澎湃。据管理处工作人员介绍："刘家峡工程1974年底全部建成。最大坝高147米，长204米；左右岸各有副坝连接，高12～46米，长636米；大坝总长840米。水库总库容量57亿立方米，水电站装机容量122.5万千瓦。"

　　走出大坝，我们乘船观光，亲临库区水面。

　　小船儿轻轻，飘荡在水中，别有诗意！

　　船公一边开船一边介绍说："水库东起大坝，西至炳灵寺峡口，湖岸线长55千米，水面最宽处6千米，水域面积达130多平方千米。"

　　欣赏水库风景后船逆流而上，进入洮河口，这里是黄河上游河段。眼前立刻变化为两个世界，两岸山石壁立突兀，山峰钻天，只露一线天。

　　峡谷中水流穿过，万马奔腾，汹涌澎湃，这就是著名的刘家峡谷。

　　乘船溯流而上，别有风趣。可看浪花飞舞，可赏奇峰对峙，可望壁立千仞，倍感"刘家峡谷甲天下"！

　　船行半小时，另有洞天，原来这是吧咪山原始森林。

　　返程了，峰回路转。刘家峡，永驻心头！

炳灵寺石窟：世界文化遗产的典范

刘家峡自然风光无限，这是永靖人的骄傲！

而永靖县还有一处人文景观炳灵寺石窟，也同样值得永靖人夸耀！

看了刘家峡意犹未尽，我又去往炳灵寺石窟。

炳灵寺石窟处在永靖县西南四十千米处的积石山的大寺沟西侧的崖壁上。

谁知，还要过刘家峡湖区，才能到达炳灵寺石窟。

我又一次来到刘家峡水库，乘着船过了一个多小时，驶入一条峡谷，清水突然变成棕黄色。船再转两道弯，继续在峡谷中航行，目光中全是斧削般的峭壁和尖塔般的石山。

在去石窟途中，我先去了炳灵寺石林。眼望满目的石林，令人惊讶！唐代名将李靖于贞观年间来炳灵寺时发出"天下第一奇观"的感叹！炳灵寺石林是大自然的恩

▶ 船过奇山怪水

◆ 下船登岸再去往炳灵寺石窟

赐，加上两岸的奇峰、怪石、险谷，云雾中的石林更显扑朔迷离，神秘莫测。

看了石林，我才向炳灵寺石窟进发。

炳灵寺石窟处在黄河边，门前石碑上刻着石窟介绍：西晋初年（公元3世纪）开凿在黄河北岸大寺沟的峭壁之上，正式建立于西秦建弘元年（420年），上下四层。最早称为唐述窟，"唐述窟"是羌语"鬼窟"之意，唐代称龙兴寺，宋代称灵岩寺，明朝永乐年后称炳灵寺。

原来，"炳灵"为藏语"仙巴炳灵"的简化，是"千佛""十万弥勒佛洲"之意。

炳灵寺石窟与莫高窟和麦积山石窟并称甘肃三大石窟。北魏郦道元在《水经注》中记曰："河峡崖傍有二窟。一曰唐述窟，高四十五丈。西二里，有时亮窟，高百丈、广二十丈、深三十丈，藏古书五笥。"

《水经注》对炳灵寺的描述是："黄河北有层山，山甚灵秀……悬

◆ 炳灵寺石窟旁耸立的"双塔山"

崖之中，多石室焉，室中若有积卷。"说的是炳灵寺藏有大量经卷，但窟中始终没有发现经卷，留下千古之谜。

越是"谜"，越有人想去。

我迅步走向山前，只见炳灵寺石窟太壮观了！

讲解员介绍，炳灵寺石窟共有窟龛183个、石雕造像694身、泥塑82身，壁画900平方米，分布在大寺沟西岸长200米、高60米的崖面上。石窟主体是悬崖高处的唐代"自然大佛"（169窟）以及崖面中段众多的中小型窟龛。

第169窟是炳灵寺规模最大、时代最早、内容最丰富的洞窟，是炳灵寺石窟的窟中之窟、精华之精华。我特意选择此窟欣赏。

当我走进窟内，看到共有佛龛24个，最有看点的是第6龛，是一个半圆形的三瓣莲式的背屏龛。龛内塑一佛二菩萨像：佛像造型生动，表情丰富，富于动感，左上方"无量寿佛"四字，而两菩萨分别是观世音菩萨和大势至菩萨。在南北两壁，还绘画着诸多的佛像，其造型优美，神采奕奕。此洞窟中，还有公元420年的墨书题记，是中国石窟中保留最早的纪年题记。

这些石窟在一千六百年前开凿于绝壁之上，里面有数百件全中国最精美的佛像石雕和壁画，展现在两百多米长的崖壁，太震撼了！看了炳灵寺石窟，心中分外感叹：是古代中国佛教艺术的经典。特别是那 27 米高的弥勒佛，雕刻得那么精细，令人神往。

石窟工作人员介绍："这里石窟的石刻造像，风格各异。西秦时期的彪悍雄健、北魏时期的秀骨清像、北周年代的珠圆玉润及隋唐的丰满夸张、宋代的写实，都采用了以形写神、形神兼备、重在写神的传统技艺，它们是佛教观念、信仰、情绪的物化艺术形式。其造型和雕饰，既笼罩着神奇的宗教气氛，又极富有现实的生活情趣。造像的主题是佛陀，庄严肃穆，祥和可亲，菩萨含情脉脉，亭亭玉立；弟子幼稚天真，深沉世故；天王勇猛暴烈，怒目而视，无不塑造得栩栩如生，细致入微。考古专家对炳灵寺石窟的评价很高。"

2014 年，在卡塔尔多哈召开的联合国教科文组织第 38 届世界遗产委员会会议上，炳灵寺石窟作为中国、哈萨克斯坦和吉尔吉斯斯坦三国联合申遗的"丝绸之路：长安—天山廊道的路网"中的一处遗址点被列入《世界文化遗产》。

炳灵寺石窟，黄河文化的精华！

炳灵寺雕刻，丝绸之路的精美！

弯弯曲曲的黄河，拐来拐去，波光粼粼。四川境内黄河长约174千米，多在若尔盖县地域。黄河从青海流经甘肃入四川唐克镇，这段流程是四川与甘肃界河，河西甘肃、河东四川。黄河过唐克镇又折向西北，再流回甘肃、青海。在180度折返中，黄河形成多个"湾"。这一带，有红军长征走过的大草地、巴西会址、湿地花湖……黄河国家文化公园（四川段）建设保护的重点在阿坝州、甘孜州的松潘县、若尔盖县、阿坝县、红原县、石渠县。

第八章

四川段：『黄河九曲第一湾』

若尔盖：红军长征走过的草地

来到四川省当年红军过草地的若尔盖地域，感慨万千……这是我第二次到这里来，第一次是重走长征路。这里有茫茫的草原，有看不到边的湿地，有五彩缤纷的花海，更有"黄河九曲第一湾"……

清晨，一早就起来了。我跟随一名藏族小伙离开寨子奔向草原。啊！美丽的草原、莫测的草原、神秘的草原！这就是当年红军走过的大草原！

看吧，那广阔宽大的草原，无边无际的天边，伸手可抓的云朵，一尘不染的蓝天，把你带进童话般的世界。啊，这就是红军在没有人迹的茫茫草地艰辛地跋涉，过草地这段历程的再现，那是长征途中最艰难、最困苦、最危险、最漫长的一段经历……

司机不断播放《长征组歌·过雪山草地》歌曲：

风雨侵衣骨更硬，野菜充饥志越坚。

官兵一致共目苦，革命理想高于天。

◆ 中国工农红军班佑烈士纪念碑

我们在大草地，沿着红军当年走过的草地穿行。那一望无际的茫茫草甸，那坑坑洼洼翻着泥浆的片片湿地，那杂草丛生的块块沼泽，让你举步维艰，望而生畏！

在若尔盖县的班佑乡，我们瞻仰了中国工农红军班佑烈士纪念碑。纪念碑是为了纪念红军长征过草地中英勇牺牲的革命烈士而建立的。

纪念碑由碑身、碑座和"胜利曙光"纪念雕塑三部分组成。

碑文选自红军过草地时任红军十一团政委、开国上将王平回忆录。太感人了！我把碑文抄了下来：

红三军在草地里走了整整七天，终于进到班佑。

我们红十一团过了班佑河，已经走出了七十多里，彭德怀军长对我说，班佑河那边还有几百人没有过来，命令我带一个营返回去接他们过河。

◆　红军过草地纪念碑

刚过草地再返回几十里，接应那么多掉队的人，谈何容易。我带着一个营往回走，大家疲惫得抬不动腿。走到河滩上，我用望远镜向河对岸观察。那河滩上坐着至少有七八百人，我先带通讯员和侦察员涉水过去看看情况。一看，哎呀！他们静静地背靠背坐着，一动不动。我逐个查看，全都没气了。我默默地看着这悲壮的场面，泪水夺眶而出。多好的同志啊，他们一步一摇地爬出了草地，却没能坚持走过班佑河。他们带走的是伤病和饥饿，留下的却是曙光和胜利。我们怀着沉重的心情，一个一个把他们放倒。一方面是想让他们走得舒服些，另一方面再仔细地检查一遍，不能落下一个还没有咽气的同志。最后发现有一个小战士还有点气，我让侦查员把他背上，但过了河他也断了气。

我们满含泪水，脱下军帽，向烈士默哀、鞠躬告别，然后急忙返回追赶大部队。

看完这段碑文感慨万千！两万五千里长征，付出多少牺牲……

草地上，我现场与当地一位老者交流——

问："红军走的就是这片草地吗？"

答："对！上面有草，下面就是水。人一踩上去，马一踩上去，就陷进去了！"

问："这片草地不小呵！"

答："是，红军从这过的，他们从雪山下来，全是草

红军长征体验大道

◆ 九大元帅走过的草原纪念碑

地。红军们很艰苦！全部吃的是草根，还有皮带！皮带用水熬，熬出来发涨了再吃。"

红军长征过草地是1935年8月21日从毛儿盖出发的，在毛泽东、张闻天、周恩来的率领下，在渺无人烟、浊沼淤泥的草地里艰难前进。他们以顽强的革命精神同大草地展开殊死搏斗，克服重重困难，冲破种种阻力，过草地。

在草原，一位亲眼见证红军长征的老者祝林巴杰说，红军当年长征面临两大困难：一是路，二是肚。这么大的湿地草原，根本没有路，走在草地上，很多人踏上去就陷了进去，被沼泽吞噬。因草下都是水或泥，越陷越深。比淤泥更可怕的是饥饿，在荒无人烟的湿地草原，红军的粮食已尽，吃饭成了大问题，只能吃草根、吃皮带充饥。

在草原上行走，我遇到几个藏族牧民，了解了红军从这过草地的事，对此，他们是一清二楚。

他们讲了小兵郑戛的故事。小兵郑戛其实名叫郑金煜，过草地时年方17岁。小郑机灵聪明，活泼可爱，过草地时有说有笑，给队伍带来不少乐趣。他还主动帮助别人背粮、提水、拿衣服，很是勤快。走进草地的第四天，一场大雨将小郑淋湿，患了重感冒，持续高烧不退，病死在草地上。

◆ 红军长征走过的草地

　　他们讲彭大将军杀骡之事。草地上没有吃的，因为饥饿死去了许多战士，彭德怀望着死去的同志们，心里很不平静。于是下令，将军中所有骡子杀掉，就连自己骑的骡子也不例外。可是饲养员和一些战士不同意，彭德怀急了，我们不能眼看着战士们倒下去呀！他把跟随自己多年的骡子牵出来，朝天鸣枪三声，下狠心杀死自己的骡子。在彭德怀的带领下，军中所有的骡子全杀了，把肉分给每一个战士，一解燃眉之急。

　　藏民还讲了吃青稞粒的事。过草地粮食吃光了，皮带吃光了，树皮吃光了，吃草根野菜许多人中毒而去。饥饿，威胁着每一个战士的生命。红二方面军战士夏精才，身上带的粮食早都吃完了，万般无奈才到草地上把牛羊粪收起来用水过滤出没消化的青稞粒。

　　讲到这里，一位藏民指着大草地的黄土堆说，草地上遍地是泥潭和沼泽，水质奇臭，淤泥无底，瘴气暗坑，水草隐蔽，十分险恶。有很多战士不小心就掉进去，越陷越深，直到埋没。在这里可以说每个战士都是如履薄冰，脚踩钢丝，生命随时都有可能被无情地吞噬。人死了，起一个小黄土堆，上面插一根棍，盖顶军帽。有时候，整班整班的人去了。第一军一师一团夜宿时，第一营的一个班背靠背坐在一个瘴气坑边，一不小心，全班殉难。

最后藏民讲了另一个红军的事。红军过草地时，有一个战士掉队被当地的反动武装分子在脖子上砍了一刀，骨头都露出来了，流了许多鲜血，可是这位战士带着一口气还在追赶部队，他知道，在草地上掉队就意味着死亡。因为一个人留在草地，不是冻死就是饿死，只有死路一条。所以，在行军中谁都怕掉队，不是手拉着手走，就是人与人挎着胳膊走，实在没了力气的人就拉着马尾巴走……

藏民越讲越起劲，红军过草地的事例太多太多了，他们是听当地的老藏族通司扎栋巴说的，这个人当年为红军过草地当过向导。

若尔盖地处青藏高原东北边缘，位于四川省最北部。这里是中国的第五大草原，面积达 3 万平方千米。草原由草甸和沼泽组成，草地中星罗棋布地点缀着无数的小湖泊，由藤蔓般的小河串联起来，十分壮观。尤其在黄河九曲第一湾的唐克乡，曲折的河流，无数的小洲，蜿蜒的水面，被中外科学家誉为"宇宙中最庄严的幻影"。而丰美的水草，又给畜牧业和草业带来商机。

青藏高原高，若尔盖草原大。在若尔盖县政府，张县长说这里是红军走过的地方，在这里发展畜牧业大有用武之地。张县长得知我是河北人，便对我说："河北有坝上草原，河北有发展畜牧业的经验。我希望河北的商家人才来若尔盖发展，将红军走过的湿地，把长征经过的草原，建设得更加美好。"

若尔盖县县城不大，相当于一个镇的建筑规模，而若尔盖的名气很大，这里是青藏高原的边缘，风光十分美丽，是红色旅游和绿色旅游的好去处。

巴西会议：确定长征北上抗日扭转战局

在草地，红军不仅面临"路"和"肚"的困惑，还面临内部的分裂。张国焘错误主张后退南下，向毛泽东等施加压力。长征途中著名的巴西会议就是在松潘草地东北部的若尔盖县巴西村召开的。

这次沿黄河采风，我又特意去看当年的巴西会议会址。

巴西会议会址在若尔盖县城东 32 千米处，一位叫鲁小明的小伙，主动带路前往。鲁小明是若尔盖县热当巴乡的一名普通小学教师，他的父亲是一位老红军，当年在包座战役中牺牲，他是烈士的后代。

巴西会议会址是极其简单的一处小房子，原来是一座寺庙，坐落在草原湿地上。1935 年 9 月 2 日，中共中央在此召开了政治局会议。从这不起眼的小房子可以看出当年红军的困苦和

◆ 巴西会议会址

艰难。尽管是一处很破烂很陈旧的小房子，但现在在草地上大放异彩，尤其是对巴西村的藏民来说，令他们感到骄傲。

在现场，我与当地群众聊天——

问："巴西会议是在这里开的吧？"

群众："就是嘛，若尔盖巴西会议就是在巴西嘛，当时红军从黑水河过来的，朝甘肃方向走嘛，毛泽东在这召开了紧急会议。那个时候，张国焘，他要南下，毛泽东要北上。"

问："是吗？"

群众："张国焘他们从阿坝返回南下的，毛泽东他们从这里要北上。"

这是我到达若尔盖县巴西会议会址后录下的讲

巴西会议纪念馆

与当地群众谈红军过草地

话，当地的百姓对巴西会议内容和红军过草地的情况了如指掌。

这次匆匆开始、匆匆结束的会议就是著名的"巴西会议"。巴西会议又一次将红军从危机中解救了出来。巴西会议是决定党和红军前途命运的一次关键会议，在中共党史上有着重要的历史地位。

◆ 作者夜宿若尔盖宾馆

若尔盖之夜是美丽的，宽敞的街道，整齐的建筑，油光的公路，闪亮的霓虹灯，把这座高原县城装扮得十分艳丽：一幢幢藏式房屋，华丽多彩，庄严肃静，别具特色。

在大街上，三三两两穿着藏族服饰的姑娘和小伙悠闲地走着、说着、谈笑着，很是热闹。

晚上在一个藏族饭店里就餐。老板说，若尔盖的藏族群众对长征是有贡献的。当年，不少藏族群众掩护红军、保护红军，支援红军，为红军筹集军粮，送去骡马和肉食，还有不少青年参加了红军。为此，他们感到自豪和高兴。

若尔盖的旅游带动了经济发展，全县有上百万头牲畜，上百万亩草地，现在许多外地单位通过旅游与他们搞合作，开发畜牧业、草业和水业。

在若尔盖宾馆，县里举办了一场别具特色的文艺联欢晚会，藏族姑娘演唱了《请到若尔盖来做客》《若尔盖是个好地方》《红军过草地》等歌曲，把晚会推向高潮……

晚会上，县里特意请了一位当年曾为红军运送粮食的老人，为客人演唱了一首四川民歌《盼红军》，赢得了热烈的掌声。

唐克：从黄河九曲第一湾、花湖到腊子口

太阳刚出来，我驱车去往唐克乡，唐克在若尔盖县境内的最西端。

从若尔盖县城驱车 60 千米来到唐克镇，再北行 10 千米，爬上山丘，经过索克藏寺。

"索克藏寺"藏语为"扎西特钦伦"，意为"吉祥大乘洲"，始建于 1658 年。

我从寺庙出来走上山坡，骤然一条弯弯曲曲的河流展现在眼帘中。这是黄河流经四川唯一的一段水流，一百多千米河段主要在若尔盖县。

登高望远，那泛着银光的水面，波光粼粼，闪闪发亮，像长蛇一样蠕动在蓝天白云之下，一直延缓到天边、地平线，伸向远方……非常壮观，又格外令人惊叹！

沿黄河一路走来，这是最美丽的、最神奇的一幅黄河图画！

此处是青海、甘肃、四川三省的交界处。黄河从青海流经甘肃入四川唐克镇。这段流程是四川与甘肃界河，河西甘肃、河东四

◆ 黄河九曲第一湾

◆ 云天一色的花湖（张晓林 摄）

川。过唐克镇又折向西北，再流回甘肃、青海。在 180 度折返中，形成多个"湾"。黄河自甘肃方向流来，形成"S"状，犹如画笔勾勒出的曲线，由远而近飘来……尤其是早霞和黄昏，当彩云布满天空的时候，一片红，一片紫，一片蓝，纷纷在黄河水面上空飘来飘去，看起来就像仙境……

这就是"黄河九曲第一湾"！

据身旁的向导说，"黄河九曲第一湾"有好几个版本和说法。一说黄河上游的卡日曲、约古宗列曲、扎曲、玛曲、析支曲、河曲、九曲等前后加起来是"九曲"，藏语称"河"为"曲"。另一个说法"九曲"是唐朝时期对青海贵德以上的黄河段的称谓。还有说"黄河九曲"指流经的九个省区。

在俯瞰黄河九曲第一湾时，我与身边的一名藏族群众交流，他说："自从这里建成观景台后，每天有很多人来观看，还有的摄影师早晨摸黑过来拍景，有的拍傍晚日落，七八月来的人最多！"

离开唐克，返回若尔盖县城，又沿 213 国道向郎木寺方向前行，走出 35 千米，公路边出现大片湿地，经询问，这是热尔大坝草原，之中有很多湖，其中一个湖中盛开一种白色小花而得名"花湖"，是个著名景点。

花湖相邻的还有错尔干湖和错热哈湖。

走近花湖，看到水草、湿地沼泽，把大自然装饰一新。

花湖所处的热尔大坝草原，是我国仅次于呼伦贝尔大草原的第二大草原，海拔 3468 米。

为什么热尔大坝草原以"热尔"两字打头，原来藏语中"热"指一种名为"热的经"，"尔"指"打仗的队伍"。因当年吐蕃国征服此地时，出兵前念了一种名为"热的经"，故以"热尔"命名。

热尔大坝草原上有三个相邻的海子，"海子"当地称"湖"。

走在木栈道，眺望远方，湖面很多飞鸟，有野鸭、灰雁、白骨顶、天鹅等珍稀动物，还有黑颈鹤、藏鸳鸯、燕鸥、秃鹫等，其中有国家一级保护动物黑颈鹤。

花湖及周围遍地野花，红花、黄花、紫花、白花……成了花的海洋，花的世界，花的天下！

从花湖乘车 10 分钟，我来到四川、甘肃交界的郎木寺。这里是川、甘、青百姓朝拜黑虎女神的地方。为此，郎木寺又称"虎穴仙女寺"。

走到寺庙门口才知道，这里还是郎木寺镇。郎木寺和郎木寺镇很容易弄混在一起。郎木寺镇处在甘肃碌曲县和四川若尔盖县边界上，是一个小镇。

花湖云彩倒影

花湖水草丰美

◆ 郎木寺（干志强 摄）

◆ 腊子口

进寺后听介绍，郎木寺分为两部分：一部分为四川达仓郎木寺，寺院有虎穴、仙女洞；另一部分是甘肃寺院，又称赛赤寺，两个寺院中间，只有一条溪流相隔。其实，是一个整体。寺庙里建筑雄伟，红墙高柱，很气派。经打问，这个寺庙有一千多年的建寺史。

从郎木寺出发，我顺白龙江东行，穿千山万水，向腊子口行进。

来到险隘腊子口，一座白色的红军英雄纪念碑，耸立在绿树丛中，显得那样高大、肃穆。腊子口战役比不上湘江之战那样悲壮，但这一仗打得干净、利落、漂亮、解气，让敌人胆战心惊、抱头逃窜，真是兵败如山倒。

当年中国工农红军离开松潘草地北上，躲开大道走偏僻之地，选择了四川省与甘肃省交界地带北上，而腊子口就成了必经之路。腊子口历史上就是一道险隘难关，它与娄山关一样："一夫当关，万夫莫开！"

我站在腊子口张望，两边的悬崖似是大刀劈开的木柴，直上直下，两道山崖下是潺潺东流的腊子河。难怪有人说，一个人端着冲锋枪站在隘口，一个团的兵力都不可能过来。何况当年国民党部队在腊子口东侧修筑了坚固的碉堡，还有强兵扼守。

◆ 黄河九曲第一湾

　　当年，腊子口被当时国民党鲁大昌部队的两个营扼守，三个团的兵力沿途封锁，夺取天险要隘谈何容易！战斗打响后，红四团向腊子口发起强攻。由于地形险要，几次正面进攻连连失利。后由一名苗族战士带领两个连的战士，从一侧攀登悬崖陡壁迂回到隘口背面，以迅雷不及掩耳之势前后夹击，奇袭猛攻，大获全胜！

　　腊子口战役由毛泽东亲自指挥，是长征以来少见的硬仗，它在红军长征史上留下了光辉的一页。这一仗打出了红军的军威，彻底粉碎了国民党蒋介石企图困死红军在雪山草地的阴谋。

　　从腊子口返郎木寺，我们还去了附近黄河边的玛曲县域，踏访了阿万仓湿地。2008年《中国国家地理》举办的"选美中国"活动中，以阿万仓贡赛尔喀木道湿地为核心的玛曲湿地群被评为"中国最美的五大草原湿地"第一名。这里的景色非常美妙。黄河在玛曲县流程达433千米，湿地面积达562万亩，且占据黄河九曲之首曲，有"黄河九曲第一湾"之美誉！

"黄河之水天上来"，"天上"指的是青海。黄河流经青海曲玛莱、玛多、甘德、达日、共和、贵德、循化、民和等16县，流程约1455千米。青海有狭窄的积石峡、龙羊峡，有平静的鄂陵湖、扎陵湖，特别是巴颜喀拉山的黄河源头，喷吐出的水流，一路东去，汹涌澎湃，穿越9省区，"奔流到海不复回"。黄河国家文化公园（青海段）建设项目为省黄河文化博物馆和非遗馆、城北区非遗馆、宗日遗址、第一个核武器研制基地（原子城）旧址、石藏丹霞自然遗产、阿咪东索景区及三江源保护，还有积石峡、龙羊峡、黄河湿地等。

第九章

青海段：『黄河之水天上来』

循化：积石峡·十世班禅故居·孟达天池

车轮飞转……

一路向前……

顺黄河逆水而上，进入青海省，向着循化撒拉族自治县行驶……

这是黄河溯源的最后一个省即第九个省，循化县积石峡是首个落脚点。

积石峡

凉风飒飒，晨雾蒙蒙。

窗外，呈现出一幕幕修路的场景，只见劈山开路的民工拉车快跑，挖掘机械的声响震撼峡谷。

在施工现场，我路遇青海金牛胶业集团副总经理王元成，他慷慨激昂，对我说"国家对西部发展很重视，对基础设施投入很大。"

接着他讲："旅游，现在在青海很火，这在我们青海人民心目中已形成共识。青海具有神秘的高原特色，丰富的旅游资源，藏传佛教圣地塔尔寺，还有青海湖、孟达天池、三江源头、金银草滩、黄河峡谷、藏北草原、丹霞奇观，都是旅游的好去处。"

途中，一路独特的高原风光，一路浓郁的民族风情。在黄河岸边，我们看到撒拉族优美的舞姿，步步情深；大山脚下，我们听到藏族动听的歌声，质地纯朴；在山坡丘陵，我闻到了土族耕种的油菜花香，这都是改革开放的新成果。

穿山过水，我又一次来到青海省循化县，尽管是第二次来，仍然要经受高海拔考验，因为青海省的海拔普遍较高，这是最要劲、最艰难的采风路段。

在循化撒拉族自治县地域，我再一次接触到青藏高原边缘地带，此地处祁连山支脉拉脊山东端，四面环山，黄河流经全县境内79千米。

沿黄河而上，只见水流滚滚。王元成说："青海号称中华水塔，水利资源特别丰富，水流落差特别大。"

说完，我们进入积石峡。

积石峡黄河两岸，奇峰林立，峡谷幽深，水流湍急，一落千丈，是修筑水电站的极好场地。著名的积石峡水电站就建在这里。

我们沿25千米长的积石峡行走，只见天水相连，云峰相接，峡谷相峙。当行至"野狐桥"时，两岸距离仅四五米宽，连野狐都能跃

◆ 来自积石峡的水流

◆ 当地老人在黄河岸边向作者讲述积石峡的险情

◆ 黄河及支流流经积石峡、隆务峡、野狐峡等很多峡谷

过。仰望河床，水急浪险，咆哮激荡，势不可挡，水波从天而降，飞流直下，真正感受到"君不见黄河之水天上来，奔流到海不复回"诗句的意境！

积石峡，处在小积石山下，又称孟达峡。峡谷长约25千米，黄河因长时期的强烈下切，这里与上游的落差达到100多米，峡道狭窄，水急浪险，落差大，多漩涡。"野狐桥"河段只有4～5米。两岸都是第三纪红层分布，发育为典型的丹霞地貌。峡中有大禹劈山导河的遗迹和禹王石。

我们特意来到水库大坝。站在百米高的坝顶，望着汹涌澎湃的水流，感慨万千！真是人定胜天啊！

听水电站同志介绍："2005年国家投资56亿元开始兴建水电站，2010年全部竣工投产，这是黄河上游青海省境内最后一座大型电站。"

我问："发电量呢？"

答："拦截水库总容量2.64亿立方米，装机容量102万千瓦。"

◆ 仰居河先生在十世班禅大师故居前讲述大师故事

十世班禅故居

黄河水源来自青藏高原多股溪流，少数民族大都生息聚集在河系旁边，他们创造了灿烂的民族文化，精湛的民间艺术。隆务河是黄河上游的一条支流。

我们顺着陡峭险峻的隆务峡行走，来到著名的热贡艺术之乡，只见绘画、雕刻、彩绘遍布村落。据介绍，"热贡"藏语意为"金色谷地"。热贡艺术始于14世纪，是藏族群众兴起的，现在已发展成"人人会作画，家家干雕刻"的地域性艺术。热贡精美的艺术品在国际上享有很高的声誉，受到世人赞叹，已成为青藏高原一朵开不败的绚丽花朵。

黄河，繁衍了古老的民族，也孕育了民族将士和佛教领袖。全国人大常委会原副委员长、已故十世班禅额尔德尼·确吉坚赞就出生在黄河岸边的循化县文都藏族乡一个藏族农民家庭。

◆ 作者在十世班禅大师故居与两位学生交流大师的家史

大师生前住屋

◆ 骆驼泉遗址大门

我们沿滚滚黄河水下行，来到十世班禅大师的故居。大师故居是一座宏伟的藏式二层建筑，门前幡杆高擎，杆顶毓幢飘扬。经堂门上的对联是"九曲安禅爱国早传拒房，八荒向化护教所以安邦"。

当我们走进院内，十世班禅大师的家人正坐在屋檐下喝茶。据家人介绍，大师1938年诞生于此地，幼年虚心好学，家乡的文都寺是大师小时出家学经的母寺。文都寺、毛玉村成了黄河岸边的景点，吸引了许多旅客，到这里缅怀大师的功绩，瞻仰大师的故居。

大师故居不远处有一处骆驼泉，是撒拉族之乡的一处圣迹，也是撒拉族的发祥地。在骆驼泉边，一位80多岁的老人对我讲："很早以前，在中亚撒马尔罕有一个小部落，

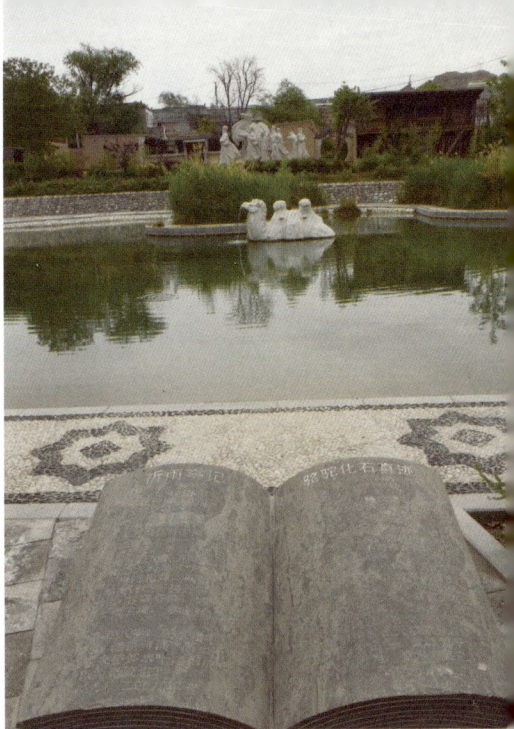

为首的头人是兄弟俩，名叫尕勒莽和阿合莽，因受到当地统治者的迫害，他们率领同族的18人牵着一峰白骆驼，驮着《古兰经》离开撒马尔罕向东寻找新的居住地。路上，他们绕河西走廊，渡黄河，来到循化境内天色已黑，白骆驼走失。第二天，他们在沙子坡发现一眼清泉，骆驼就卧在泉边，于是他们便在这里定居下来，繁衍生息，发展成现在的撒拉族。"

◆ 骆驼泉在涌动

黄河，哺育了一代又一代人，造就了中华民族五千多年文明史，它还创造着更美好的明天，服务于人类。

孟达天池

次日，我们继续跋涉，穿过黄河两岸莽莽山林，来到孟达天池。这是我第二次来孟达天池。陪同采访的循化县政府的李玉学介绍说："孟达天池处在清水乡孟达村，为国家自然保护区，这里是青藏高原的边缘地带，与黄土高原接壤，由于气候、地质的演变，形成多种植物繁殖生长，被誉为青藏高原的西双版纳。"

我们在著名的孟达天池，望着四周的林海山峰，很有诗意。

晚上，在这里开了一个招商会。青海商家与河北客人进行联谊活动。他们跳起撒拉族独特的民族歌舞，表达与河北合作项目的诚意。

青海省企业家协会副会长讲："我们青海企业跟河北的关系还是比较密切的。我们的产品卖到河北石家庄神威药业公司很多。"

青海明胶厂逮厂长讲到与河北石家庄的项目合作，流露出一脸笑容。循化县孟达毛革厂、孟达塔沙坡天池帐篷开发公司副经理韩正良谈到与

◆ 作者多年前第一次在孟达天池采访，感受生态保护之好

河北清河的联合开发，感情真挚、诚恳，他说："我们和河北有很好的联系，比如说绒毛到那里去销售，和河北人合作很好。这样能更好地把我们西部地区的这些原料开发出来。"

河北与青海远隔千山万水，而两省在医药、纺织、机械上有着广泛的合作关系。特别是改革开放以来，河北的企业界早就瞄准了青海的资源，青海的商家首先看中了河北的市场。

日落西山，联谊活动高潮迭起；夜幕降临，歌声笑语推波助澜。

河北、青海，青海、河北，愿两省的友谊融入孟达天池，情深义重，地久天长。

青海、河北，河北、青海，祝两省的友情倾注华夏黄河，奔腾不息，源源流淌。

晚上，我们就住在天池边的帐篷中。

孟达天池的夜晚是美好的！歌声、舞步，在森林上空和天池水面，荡漾、飞扬……

贵德：李家峡·黄河清湿地·国家地质公园

不间断地行走……

不停息地挺进……

从循化县沿黄河一路西行，进入尖扎县地域。

尖扎东南与循化县接壤，西与贵德县相连。境内黄河纵贯南北 96 千米，流经坎布拉国家森林公园、李家峡等景区。

在去往贵德县的途中，我特意去了李家峡。

◆ 李家峡水电站大坝

　　李家峡位于青海省尖扎县与化隆县交界处，是黄河上游规划的第三座大型水电站，海拔 2180 米。电站大坝为三圆心双曲拱坝，长 414.39 米，水库总容量为 16.5 亿立方米，是黄河在青海境内继龙羊峡水电站之后又一大型水电站。大坝库区与坎布拉景区组成一个综合性大型景观区。

　　参观李家峡库区后，我们直接去以红色沙砾构成的"丹霞"景色而著称的坎布拉。

　　步行于坎布拉，一边走一边听向导吴汉生介绍："景区内有十八座奇山险峰，南崇峰、宫保峰、德杰峰、内宝宗峰、大雁峰、尼姑峰、山羊峰、牦牛峰等，这些山峰的命名大都带有浓厚的宗教色彩。十八座山峰中，阿琼南宗寺最为闻名。"

　　穿越石林间，红如早霞的红色沙砾岩有奇峰、桌山、谷洞、峭壁，比比皆是的山峰有的如柱、如塔、如树，有的似壁、似堡、似人、似兽，有的像桥、像门、像屋，栩栩如生，千奇百怪，鬼斧神工……

　　结束坎布拉之行后，返回国道，继续向贵德方向行驶。

　　路边，又是好山好峰！

　　道旁，又是小桥流水！

　　贵德地域到了。

　　贵德县政府驻地河阴镇海拔 2200 米。徜徉在县府大街，稍微有些高

李家峡电站与坎布拉丹霞同框景色优美

原反应，但城内的地标建筑玉皇阁很吸引眼球。

玉皇阁是明清时期的古建筑遗存，始建于1592年，建筑包括玉皇阁万寿观、文庙、大佛寺、关岳庙、城隍庙、梨馨园六个院落及隍庙场和贵德古城，古建筑群规模宏大。

贵德的明长城遗址也很有看点，尤其油菜花开中的长城，我专程去黄河河畔的长城遗址拍了相片"长城与油菜花"。

贵德县处于黄

◆ 贵德玉皇阁

◆ 黄河边上的长城与油菜花

河上游龙羊峡与李家峡之间。黄河由西向东横贯境中，长 78 千米，其中境内有多条支流注入黄河，包括黄河北岸多龙、浪麻、昨那、多拉、曲卜藏、龙春、尕让、松巴河流和南岸的暖泉河、莫曲沟、高红崖河、清水河流。

　　黄河主河道两边支流的注入，使得贵德县水域面积增加，随之而来的沼泽和湿地成为该县的优势。

　　次日我开始了贵德采风，首先选择踏访黄河清湿地。

　　这是我第二次去黄河清湿地。

　　我从贵德县城河阴镇驱车 1.5 千米，来到黄河清湿地。站在湿地边，望着那绿草、碧水、飞鸟，感叹黄河给予的自然风光。

　　贵德黄河清国家级湿地公园地处黄河上游龙羊峡水电站和李家峡水电站之间，东起尕让乡阿什贡村，西至拉西瓦水电站，其中包含黄河夹滩及两岸滩涂湿地。

　　黄河清湿地公园之大令人感叹。吴先生讲："这里不仅仅将黄河两岸丹霞地貌和坎布拉森林公园、李家峡电站等景点连为一体；还以千姿湖为

◆ 黄河清湿地背后一行红字"天下黄河贵德清"非常醒目

中心，把黄河南、北两个自然生态带，都包括了，其公园伸出之长在整个黄河沿岸是少见的，而湿地公园最近之处的南岸紧邻玉皇阁古建筑群及贵德古城，园内湿地总面积达2775公顷。"

我们走进湿地，只见那赤麻鸭、白鹭、野鸳鸯、鸬鹚、天鹅、丹顶鹤、大雁等在空中曼舞，还有灌木林中的喜鹊、布谷鸟、野鸡、乌鸦、百灵鸟、云雀等在林间嬉戏，水中的鲤鱼、白鱼、鲇鱼等游来游去。

◆ "黄河少女"雕像

黄河边的"黄河少女"雕塑，可爱可亲，引人瞩目。吴先生介绍："整个塑像高7.8米，象征黄河在贵德流经78千米。"

我在像前观看，"黄河少女"清秀、

◆ 黄河清湿地

质朴、柔美，表情宁静坦然，静态中带着动感，风采华韵有着中华传统美的韵味。她好像祈愿整个黄河水清澈透明，她唤起人们保护母亲河的意识。

黄河清湿地留下永久的记忆，特别是石碑上的"天下黄河贵德清"的那句话。

我离开黄河清湿地，专门登上拉脊山。山上，大雪纷飞。

宗喀拉则位于青海省贵德县拉脊山口，海拔3820米，是目前中国最大的"拉则"建筑群。

面对雄伟的建筑，吴先生介绍，拉则分赞普拉则、大臣拉则、英雄拉则、富豪拉则等多种，宗喀拉则是群众拉则，诚如莲花生大士所说"群众拉则建在山梁，保佑群众人丁兴旺、财源茂盛"，是世居青海的藏、汉、吐、蒙等各民族群众集体祭祀世俗神灵的民间信仰场域。主题建筑为十三战神拉则；拉则前置广场，有白祭、红祭两座煨桑炉，后置神箭箭园放飞鹿马、挂经幡。

拉脊山宗喀拉则是目前国内最大的拉则，同时，拉脊山是通往日月山、青海南山牧业区、塔尔寺、青海湖的途经地。

在拉脊山南坡的红山嘴草场，一座数十多米高的红色山峰，兀自挺然独立，这是当年的格萨尔王的拴马桩。

《格萨尔王传》是在藏族流传最为广泛的说唱史诗，最早是口头流传，后来逐渐收集整理见诸文字。这部史诗共有60多部计150万行，是世界上最长的史诗。诗的大体内容说格萨尔当上岭国国王后带领将士英勇杀敌，先后打败了魔、姜、霍尔等国，使藏族人民过上了幸福生活。《格萨尔王传》启示人们要豪爽侠义、注重节操，要富有同情心、自尊心，决不奴颜婢膝、低三下四，为了尊严即使死也在所不惜。

接着，我们驱车来到处在贵德县尕让乡阿什贡村的"贵德国家地质公园"，这里乃是青海省的著名"国家地质公园"。

路上，我一边参观一边问吴先生："景区的特点是什么？"

◆ 雪中拉脊山

◆ 山顶宗喀拉则建筑

◆ 格萨尔王的拴马桩

◆ 贵德地质公园中的"女娲"山体

答："是以自然地貌和地质遗迹为特征，有阿什贡七彩峰丛地貌、麻吾峡风蚀地貌。"

问："核心地带在哪儿？"

答："阿什贡七彩峰丛是核心。"

当走到尕让乡，看到了阿什贡的千佛大峡谷。啊！太震撼了！沟壑纵横，山川相间，特别是丹霞地貌最有引力。

讲解员介绍，阿什贡峡自山谷狭长的羊圈湾开始，西至达卡沟口。峡内，尕让河像一条黄色的带子蜿蜒而下。

回首告辞，再见群山。今天过目的丹霞、峡谷、塔峰、沟壑……——深印在脑海……

下午晚些时候回到住地，受到青海广播电视台李华旦主任的邀请，李主任说到2006年的讲座。那一次受牛海鸣台长、王霞副台长的热情邀请，我讲述的是新闻采访体会。至今李主任还珍藏着当年的合影照片。

青海的夜空，清纯安宁……窗外的黄河，静静流淌……

◆ 作者当年在青海台讲座时与牛海明台长（左2）、王霞副台长（左1）等合影

共和：穿日月山、青海湖去原子城、金银滩

离开贵德，沿黄河继续西进……

窗外风光宜人，油菜花开。

穿过巴卡台草原，两个多小时车程，进入共和县地界。

晚上，入住共和县倒淌河镇。

共和县地域辽阔，是青藏高原的东门户，素有"青藏咽喉"之称，北靠青海湖，南临黄河，东依日月山，黄河在县境内流长90千米。

次日，我去往日月山、青海湖、原子城、金银滩采风，这是我第二次去这些地方踏访。重返旧地，有别样的感觉！

今天陪同踏访的为工商部门的李秀业女士、罗小燕女士，我们是从倒淌河镇出发的。

沿倒淌河

◆ 黄河边的油菜花地踏访归来

穿行巴卡台草原

前行，话题自然离不开倒淌河。罗女士指着窗外的倒淌河介绍："倒淌河，是华夏大地唯一一条从东流到西的倒淌河。当年文成公主走到这里，将要离别唐朝管辖的土地，心中一片怆楚。向前西望吐蕃，回头东望长安，留恋故土。拿出皇后赐予的日月宝镜，从中照看长安景色和亲人，不禁伤心落泪，思乡的泪水汇集成了倒淌河。"

日月山

罗女士讲的神乎其神。

车到日月山，青藏公路通过的山口海拔3520米。我们在这停下。这里是我国自然地理上的分界线，也是我国外流区域与内流区域、季风区与非季风区、黄土高原与青藏高原分界线，同时也是青海省农业区与牧业区的分界线，是进入青藏高原的必经之地。

罗女士介绍，日月山历史上为"羌中道""丝绸南路""唐蕃古道"的重要通道。见证了会盟、和亲及"茶盐""茶马"互市等历史事件。

与初次在日月山见到的大不一样，现在的日山和月山上各修建了亭子，分别叫日亭和月亭，经幡飘舞的亭子里面用碑文和壁画记录了文成公主入藏时的种种情景。山上是无数藏人用虔诚和信仰堆起的玛尼堆，石堆上插满了盘树虬枝。山下是文成公主庙，矗立着巍峨的文成公主汉白玉雕像。

在日月山，我用相机狂拍了一阵。

日月山前的旅游热

接着，沿日月山上行，去青海湖。青藏高原有绮丽美妙的风光，还有浓郁的宗教色彩。一路上，不断看到朝圣的人们，捧着一颗真心，捧着一路风尘，一步一跪倒，向着朝圣之地。为了铲除心头的烦恼，求取美好的明天，不管是冰天雪地，高山峻岭，还是大漠戈壁，都阻挡不住他们前进的步履，动摇不了他们坚定的决心。通过采访了解到，他们是去西藏的，至少也要 3 个月的时间，那虔诚之意，那顽强的毅力，真让人感叹、敬佩！

青海湖简直太美了！大洋洲一位生态专家比格夫人来到这里，提出保护世界海拔最高的青海湖。然而，没等考察完她就不幸遇难了，丈夫爱德华·凯里·比格将她的骨灰埋在这里，希望实现她生前的愿望能够实现。

◆ 青海湖

来高原考察生态环境的人，常常怀着无比崇敬的心情到比格夫人墓前，凭吊这位热爱大自然的国际友人。

青海湖东西长 106 千米、南北宽 63 千米，湖周边长 360 千米，湖面海拔 3196 米，比两个泰山还高。在广阔的水域西北隅有两座大小不等而形态各异的小岛屿，一个叫海西小岛，另一个叫海西皮岛，两岛加起来总面积不过 4.87 平方千米，而栖息着 26 万只鸟，被称作"鸟岛"，还有"蛋岛"之说，是因为这里鸟蛋遍布。

离开青海湖的路上，陪同踏访的罗小燕女士问我还有什么问题。

当我问到这几年这一带的变化时，罗女士回答道："青海湖变化不大，而原子城和金银滩变化很大，已开辟成景区。"

说到原子城，罗女士讲："如果说明长城是有形的长城，那么原子城是无形的长城！它们的作用是一样的，都是用来抵制外来侵略！尤其

纪念碑

新开放的展厅

是原子城，它的震慑力比长城大得多！原子城，现已对外开放，并作为爱国主义教育基地。"

这是我第二次去原子城、金银滩。

经过一段路程，我们来到原子城，看到的是一座耸入云天的纪念碑，上面写着"中国第一个核武器研制基地"，顶部有一个直径 1 米多银白色的大球体发出夺目的光彩，石碑周围三五成群的游客参观照相留影。这座巨型石碑，记述着中国人民攻克核技术的全部历程。

那是 20 世纪 50 年代，在这遥远的金银滩，在这 1170 平方千米的草原上，我国组建了中国第一个核武器研制试验基地和生产基地即 221 工厂。就是在这与世隔绝的神秘禁区，科学技术人员经过反复攻关精心研究，研制出第一颗原子弹。

1964 年 10 月 16 日 15 时，

◆ 这是作者多年前第一次在实验基地钢壁实验室外墙体验

中国第一颗原子弹在罗布泊爆炸成功！全中国人民和全世界华人为之欢呼雀跃。在人民大会堂，正在排演《东方红》剧组的全体人员听到这一喜讯后顿时欣喜若狂，周恩来总理风趣地说："小心，别把楼板跳塌了！"

时隔 2 年 8 个月，即 1967 年 6 月 17 日 8 时，中国第一颗氢弹在罗布泊上空爆炸成功！又一次惊动了世人。从原子弹到氢弹，美国用去 7 年 4 个月，苏联用去 4 年，英国用去 4 年 7 个月，法国用去 8 年 6 个月。中国研制的速度之快，外电评述的话是："中国这种闪电般的进步，就好像亚洲上空一声巨雷，震撼了世界。"

之后，中国的科技人员又进行 16 次核试验，并生产出了多种型号的战略核武器，彻底打破了世界上的核垄断，大长了中国人民的志气。

现在，上万名科研工作者已告别核基地走了，而他们的创业精神永远留在这里，光照后人。

离开原子城，我们去往金银滩。蜚声中外的名歌《在那遥远的地方》

是西部歌王王洛宾在青藏高原金银滩创作的。1994 年，当王洛宾在联合国总部演唱这首情歌时，迷倒了各国使节。一时间，中国西部，成了国际友人追寻的地方，向往的地方。

金银滩处在青海湖岸边的西海镇，当我们到达金银滩时，旷野里传出动听的歌声：

在那遥远的地方，有位好姑娘。

人们走过她的帐房，都要回头留恋地张望。

她那粉红的笑脸，好像红太阳……

迎着草原上飘扬的《在那遥远的地方》情歌，我们走进一顶藏式帐房，这里正在举行王洛宾情歌演唱会，纪念这位西部歌王。藏族女歌手卓玛，每每歌罢曲完，总要向来客推介王洛宾创作情歌《在那遥远的地方》的详情。

漫步在金银滩，那一望无际的草地，那弯曲的小河流水，那湛蓝的天空，那洁白无瑕的白云，那一幢幢红色的帐房，那一个个放着羊群的牧羊姑娘，把金银滩装扮得十分美丽。尤其是竖立在草地上的王洛宾巨幅画像和牧羊姑娘唱出的情歌《在那遥远的地方》，使所有来到这里的人如痴、如迷、如醉。

西部歌王已去，而《在那遥远的地方》永远响彻金银滩。我在金银滩上穿行，看到许多国际友人、参观团、考察队、旅游团、企业家、投资者来到这里。有的到这里观光，有的到这里考察草场，有的研究这里的畜牧，有的观测这里的生态环境。

在来往的人流中，我见到了河北一家药厂的部门经理张凤林，他说："这里的草地没有任何污染，这里的羊群骨质纯净，为此我们常到这里来做交易活动。我们的软胶囊原料，源于金银滩的羊群，既安全可靠，又没有污染。"

《在那遥远的地方》这首歌在金银滩千遍万遍的歌唱，而当我离开金银滩时，又听到了青海人这样的话语："昔日遥远的地方今日并不遥远！"

听听罗小燕对"遥远"的重新认识吧，她说："《在那遥远的地方》这是一首世界名曲，而这首名曲就出自我们青海，出自青海的金银滩。青海也好，金银滩也好，确实离内地很遥远。在过去，从内地到青海需要很长时间，而且人们一般走不到这里，太偏远了。"

她喘了一口气，接着讲："但是今天随着我们国家的改革开放，人们纷纷到这里来投资、来发展。从开发从发展的角度来看，这里并不遥远，更何况高速公路、青藏铁路、飞机航线的延伸，那就显得更不遥远了！另外从经济发展上，经济的关联度即连带关系与内地有很多，像青海的钾肥出口啊，像青海的蔬菜生产啊，还有青海的矿业啊，包括我们旅游业，现在与全国各地拉得很近。从这角度说，青海并不遥远。"

青海并不遥远，西部并不遥远。在今天大开放、大发展、大改革的新浪潮中，我们的党、我们的国家，把西部和全国人民紧紧联系在一起。我们相信，在不远的将来，西部一定会建设得更加美好！更加灿烂！更

站在金银滩聆听《在那遥远的地方》

加辉煌！

返程中，我从日月山山口，绕行走进附近的塔尔寺。塔尔寺是青海省藏传佛教中的第一大寺院，也是藏传佛教格鲁派的六大寺院之一，是集汉藏风格于一体的宏伟建筑群。

一天的行程满满，而金银滩、原子城留下的印象太深了……

入夜，我怎么也不能入睡，又想起了我 2000 年夏天在金银滩采访《在那遥远的地方》的日日夜夜……

金银滩山美，水美，草更美，然而与王洛宾所在时代相比，拉开了距离。

青海提出大打生态建设之仗！生态建设是一个庞大的系统工程，全青海的生态建设与全国人民息息相关。黄河是我们的母亲河，源头在青海省，它养育了中华儿女，作为中国的每一个公民，都应该伸出援助之手，共同努力开发建设，等到青海山川全部秀美之时，全国百姓就会看到更蓝的天、更绿的山、更清的水。

在那遥远的地方，当我听着这首歌入睡时，也同时感到青海并不遥远。

青海并不遥远，党中央把西部和全国人民拉近了，青海希望全国的有识之士踊跃到西部投身生态建设，让我们的祖国天更蓝、山更绿、水更清。

◆ 青海湖璀璨夺目，吸引很多游客打卡拍照

龙羊峡：从看天下黄河第一坝到讲黄河母亲河

青山相伴……

绿水相随……

"是谁带来远古的呼唤，是谁留下千年的祈盼"……

出共和县城，伴随着《青藏高原》这首歌，踏行青藏公路去龙羊峡。龙羊峡是黄河国家文化公园（青海段）主要建设保护项目。

走在青藏公路，窗外的高原风光，民族风情，人文景观，让我不愿收回目光……

◆ 走进龙羊大峡谷

在青藏公路上行驶，有一种神秘莫测之感：那白色的云朵，湛蓝的天空，洁净的雪山，无际的绿草，金黄的油菜花，构成一幅清新、美丽、动人、迷离多彩的高原画卷。

吴汉生介绍，被称为生命禁区的青藏线，是一条生命线，进藏物资多半要通过这条生命线。谈到这些，吴先生的眼睛湿润了。他说，平均海拔4500米高的青藏路是用解放军的汗水筑成的。50年代，解放军开赴这里，与高寒、风雪、沙尘决斗，600多名官兵献出了宝贵的生命，可谓"魂筑青藏公路，血洒雪域高原"。今天走这条路，更加显示出这条雪域大动脉的价值所在。

◆ 龙羊峡水库大坝

离开青藏公路南下，赶到共和县的龙羊峡镇。

此地南接黄河和龙羊峡库区，东北邻倒淌河镇，海拔 2600 米。

龙羊峡镇与龙羊峡水域相伴，别有风趣。我听当地人说，龙羊峡是黄河流经青海大草原后，进入黄河峡谷区的第一个峡谷，"龙羊"藏语意为"险峻沟谷"之意。

我稍加休息，去往龙羊峡赏景。

信步在龙羊峡边，看着黄河流水，很有诗意。这就是黄河上游第一峡——龙羊峡！

在龙羊峡峡谷的边上，立有一块巨石，上面写着"龙羊峡"三个大字。

在龙羊峡向当地群众了解黄河水质保护

作者听工作人员介绍水库大坝的保护情况

在这里，一位80多岁的老者接受了采访——

问："对龙羊峡水流的保护您知道吗？"

答："知道，禁止污染黄河。"

问："有往黄河里排污水的吗？"

答："没有！因为要重罚！"

问："您家有多少亩地？"

答："16亩。"

问："生活怎样？"

答："好、好、好，现在乡村振兴了！"

陪伴我的吴先生介绍："黄河从发源地经过上千千米的流程，流进一条两岸陡峭的峡谷，这就是龙羊峡。峡谷长33千米，两边岩层嶙峋、层峦叠嶂，这是黄河上气势最为磅礴的峡谷群，谷内沟壑纵横、奇峰险石、陡壁万仞、巍然天门，形成了奇、幽、深、异、险、密的景观。被誉为中国的科罗拉多大峡谷并不过分。"

◆ 龙羊大峡谷

◆ 受邀为青海广播电视台处级以上干部作"主题教育"报告

据考证，黄河形成于四万多年前，龙羊峡谷的黄河河道在这四万多年里从未改变过，而且自黄河发源地至龙羊峡再没有比这更长的峡谷了，因此称"高原古水道、大河第一峡"恰如其分。

龙羊峡峡谷临近峡口，突然峭壁陡立，两岸距离仅有 30 多米，岸高 200 多米，是建水电站大坝最好的位置。为此，国家在此选址建水电站。

又经过一段路程，我们到达龙羊峡水电站大门。进入电站手续繁杂，经过登记检查才允许进门。

进门后，以为水库大坝在脚下，谁知大门距离大坝还很远，要走 5 里路才能到水库边上。原来景区有观光车可乘，因修理停摆，我们只能步行了。这里海拔高，要经受高原反应的折磨，既来之则安之，我们必须经受考验。去的途中，看到龙羊峡可参观的地方太多了，但是我们主要是去看大坝，对于其他地方，是没有时间去参观的。

去往大坝的路上，陪伴采访的吴汉生说："我曾经在这里工作过，龙羊峡水电站的建设、发展、壮大过程可以说历历在目。这座水电站上距黄河发源地 1684 千米，下至黄河入海口 3376 千米，是黄河上游第一座大型梯级电站，称作黄河龙头电站。现在这里非常火，旅游观光的人特别多。"

我问："每天有多少人来参观？"

吴："大几百人吧！到节假日，能有上千人！"

问："龙羊峡划为黄河国家文化公园后呢？"

吴："更火爆了！景区重新整修了设置，可谓多姿多彩。公园以黄河水利文化为主题，在保留龙羊峡水电站建设遗迹的同时，又添加了艺术元素和旅游娱乐场馆。"

走了半个多小时，我们来到大坝。看着水流，非常震惊！

水电站于1976年开建，大坝高178米，坝底宽80米，坝顶宽15米，主坝长396米，左右两岸均筑附坝，大坝全长1140米。大坝把黄河上游13万平方千米的年流量全部拦住，在这里形成一座面积为380平方千米、总库容量为240亿立方米的人工水库，电站总装机容量128万千瓦。

现在这里已开辟成景区。景区临山、临水、临坝、临镇，有观景台、黄河园、游艇码头、水电工业遗址、雕塑、黄河、群山，水、人、城、景相生相容。

龙羊峡，曾被称为"亚洲第一大坝"！用现在的眼光看，也并不失风采！它屹立在黄河上游，显示着祖国母亲河的壮美！

◆ 作者赠书《亲吻祖国》

下午晚些时候，受邀到青海广播电视台为处级以上领导干部及编辑、记者作专题报告，开讲就是黄河溯源、祖国母亲河。我谈了国家对黄河国家文化公园的启动、

◆ 现场交流

保护、建设，尤其对三江源包括黄河源生态环境的保护，青海责任重大。接着讲了黄河文化、爱国主义、红色资源等。台党组成员、副台长王霞代表青海广播电视台接受赠书《亲吻祖国》时感慨万千："王老师这是第二次来到青海台，10多年前就给我们做过专题讲座。今天，收到王老师的赠书，我们如获至宝。我们一定要学习好、珍藏好、传承好，多出精品佳作，建新功，立伟业！"

台党组成员、副台长罗藏在总结发言时说，王喜民老师结合自身多年来的新闻宣传工作经历，深入践行"脚力、眼力、脑力、笔力"的体会，以精湛的业务水平、优秀的新闻作品，给我们上了一堂精彩鲜活的爱国主义教育课、一场生动的主题教育宣讲课，更是一堂高水平的专业辅导课。

藏语广播记者拉加扎西、经济广播编辑王海旭说："中央领导先后两次视察青海。青海是三江之源、中华水塔，青海最大的价值在生态，最大的责任在生态，最大的潜力也在生态。期待在未来的报告会中，能够看到王老师眼里青海的黄河、听到王老师讲述青海的生态故事。"

报告会结束后，在多功能厅、广播电视大楼，党员干部、编辑、记者们，仍在谈论着青海黄河的话题及采访和报道……

玛多：险行巴颜喀拉山探黄河源头

寒气逼人……

冷风飕飕……

去往黄河源的途中……

车轮碾压在青藏高原……

车前镜，雪山在招手！

车窗外，黄河举哈达！

一座座洁白的藏族帐房……

一处处飘动的藏族经幡……

然而，我无意赏看周边的风光，却为了几天来的琐事而烦躁……

为什么呢？

因为这次踏访的最终目的地是黄河源。然而，青海省已开始严格控制进入三江源，包括进入黄河源人员，以保护三江源的生态环境。

◆ 去黄河源的复函

这时，我难了！经过咨询才知道：必须有充分理由，必须有三江源开出的正式函件，才可进入。

这次黄河溯源，是因为出版《拥抱母亲河》一书。书稿中，黄河源的采访及照片是不可缺少的。

为此，我特意向三江源管理局写了申请，打了报告。

三江源国家公园管理局很快作了批文，下了公函，批准进入。进入时间是 5 月 27 日。

拿到公函后喜出望外，进入黄河源终于可以实现。

26 日，在西宁市购买了氧气袋、防止高原反应药等。

27 日，这是一个难忘的日子！这天一大早，走上通往黄河源的路。

其中，行车路线：西宁至玛多县城 472 千米，全程高速路，需 6 个半小时；玛多至黄河源牛头纪念碑 92.8 千米，全是搓板路，需要 3 个半小时。屈指一算，来回 20 个小时。海拔 4200 米，最高海拔 4600 米。

沿途，最要命的是玛多至黄河源牛头纪念碑这段搓板路！

我想：怕就怕在这段搓板路！

行车途中，我们先后经过云上巴卡台、龙羊峡大峡谷等。

当穿越拉脊山时，天上飘起了雪花，骤然，大地覆盖上白雪。而且风夹着雪，雨拌着雪。

◆ 作者乘坐的车在飞雪中行驶……

而玛多县是个什么情况呢？风更大，雪更厚，天气更恶劣！

我的同伴张总说："咱们或许要经受考验！"

变天了！而且来得这么快！

这时，三江源传来信息，玛多大雪封山，去往黄河源牛头碑的路被大雪淹没。

这时，处在玛多县城的同事们发出警示，玛多县城被大雪覆盖，这预示着我们要经受更大的考验！

哎！天公不作美！

无奈，27日到黄河源牛头碑的行路不得不缓行，慢行，等待大雪变小……

太险了！雪地行车不断出现打滑、滑坡、趴窝，成为可能影响生命安全的隐患！

看来，只能慢行等待大雪减小……

雪，还在飘……

风，还在刮……

慢行、慢行、慢行……

窗外，依然是白茫茫的雪山……

车头，正迎着凛冽的寒风前进……

◆ 汽车不小心失灵冲出公路侧滑趴窝等待营救

车，开开，等等，开开。

不气馁，不松劲，鼓斗志，下决心，使尽全力继续沿黄河逆水而上，向着巴颜喀拉山进发……

一路西行、西行、西行，穿花石峡玛积雪山垭口，终于到达玛多县。

玛多是黄河国家文化公园（青海段）的尾端，而黄河源又是黄河国家文化公园的重中之重。

这一路，真正体验到什么叫"九曲黄河十八弯"！

这一行，真正领略了黄河的曲曲折折……

进入玛多县，没敢松一口气，因为这里的海拔太高，达4200多米。

"玛多"藏语意为"黄河源头"，是青海省海拔最高的县，全县平均海拔4500米以上，是国内人类生存环境最恶劣的地区之一，处在三江源国家级自然保护区核心腹地。玛多县作为黄河发源地，素有"黄河之源""千湖之县""中华水塔""天上黄河"的美誉。其中，扎陵湖、鄂陵湖

去玛多县过花石峡镇海拔4677米的玛积雪山垭口

几经周折、几度受阻艰难到达玛多县城

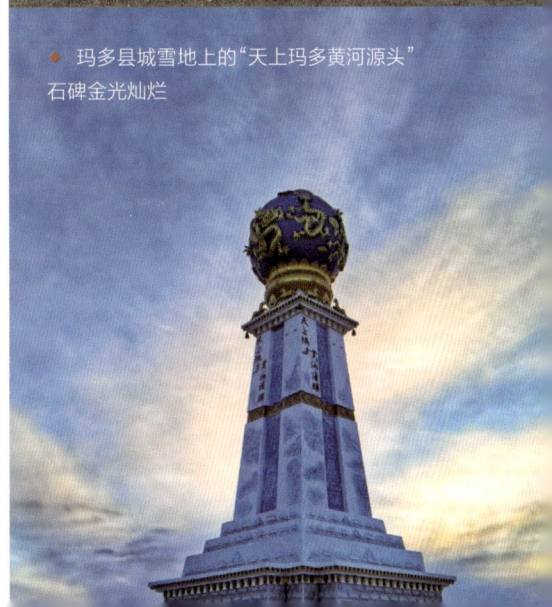

玛多县城雪地上的"天上玛多黄河源头"石碑金光灿烂

◆ 白雪皑皑的玛多县城

◆ 三江源国家公园黄河源园区

两"姊妹湖"被联合国《湿地公约》列入国际重要湿地名录。

我在玛多县政府所在地玛查理镇去主要街道看了特色建筑及城南的黄河大桥,便驱车去往"两湖一源"。

汽车在路上行驶,凉风嗖嗖,寒气逼人,而窗外的风光绮丽。

远山、草地、飞鸟,白云、蓝天、雪山。

车行40多千米,来到一个叫鱼场的地方,看到了一大片水域。原来这是鄂陵湖,放眼望去,浩瀚水域伸向远方,湖面鸟儿飞来飞去。

路边有一座石碑,上面写着:三江源国家公园黄河源园区。

漫步在鄂陵湖岸边,看到一座石碑,上面写着"鄂陵湖国际重要湿地——中华人民共和国湿地公约履约办公室监制"。

"鄂陵湖"藏语称"错鄂朗",意为"青蓝色的长湖"。鄂陵湖形如一个木瓜竖挂,南北长、东西窄,南北长32千米、东西宽31千米,湖水面积610平方千米,平均水深

17米，湖面海拔4272米，湖水呈青蓝色。

由此西行，窗外是起伏的山丘。向导阿杰说："南边的那座山丘是吐蕃松赞干布公元7世纪迎候文成公主时的地方，从这里骑马护公主去西藏。"

仍然是蓝天、白云、碧水……

依旧是丘陵、山地、谷沟……

行车中，前边又出现一片水面，原来那是扎陵湖。

湖边土丘立有一座石碑，上面同样写着"扎陵湖国际重要湿地"。

"扎陵湖"称"查灵海"，藏语意为"白色的长湖"。扎陵湖呈不对称的菱形，东西长，南北窄。湖面海拔4294米，东西长35千米、南北宽21千米，面积526平方千米，水深8米。

扎陵湖与鄂陵湖由一天然堤相隔，形似蝴蝶。两湖历史悠久，是黄

◆　鄂陵湖（单士勇 摄）

◆ 扎陵湖

河上游最大的一对淡水湖。

陪伴踏访的向导阿杰详细介绍了两湖的历史。

据史料记载，早在秦汉之际，我国的羌族就在此从事游牧生活。到了唐代，成了兵家必争之地。东汉桓帝延熹年间，护羌校尉段颖与羌人大战时，曾到过这里。贞观十五年，唐朝文成公主嫁往西藏，唐太宗派礼部尚书、江夏郡王李道宗持节护送公主入藏。当时，松赞干布曾在扎陵湖附近设帐扎寨，迎候文成公主的到来，后陪着文成公主从扎陵湖起程，翻过巴颜喀拉山，渡过天险通天河进了西藏。

元朝和清朝年间，王朝曾多次派员到此查勘黄河源头和两湖的地理山川等，使得我国对扎陵湖和鄂陵湖以及黄河源头有了认识。

听完两湖的历史后，登上湖边一座山丘，这座山处在玛多县境内，海拔4610米。玛多县人民政府于1988年在此建"华夏之魂河源牛头碑"，碑身高3米，碑座高2米。石碑上面有胡耀邦和十世班禅大师分别用汉藏文字题写的黄河源字样。

我站在牛头纪念碑前，眺望巴颜喀拉山：银装素裹，白雪皑皑，草地碧绿，沼泽水地，波光粼粼，牛羊遍地，帐篷点点，好一派自然风光！

啊！那里就是巴颜喀拉山！

◆ 黄河源牛头碑

啊！那里就是黄河的源头！

牛头纪念碑距巴颜喀拉山北麓的黄河源头发源地大约还有上百千米，处在曲麻莱县境内的麻多乡地域。

在牛头纪念碑不远，看到一处用石块叠加起来的石碑，上面写着：母亲河源。

继续西行，才能走到巴颜喀拉山下的黄河源头。

去黄河源头需要付出，需要经受更加严峻的考验。

此时，面对巴颜喀拉山，我想起十多年前第一次去黄河源头采风的情景……

当时在途中不断见到藏族牧民，还有拉矿石的汽车。因为北边几十千米处有金矿，使这一带不再宁静。

前行中，目光里出现大片盆地，有几百甚至上千个大小不等的小洼坑、小湖泊和沼泽地，这里是著名的星宿海。

据史料记载：唐代贞观年间大将李靖、侯君集、李道宗等曾览观河源。

◆ 作者向帐篷前的牧羊人询问草地保护

　　另有史料载：1280 年，元朝专使都实奉命查勘黄河源，认定星宿海为黄河源头。

　　历史上，这些人来查找黄河源头，走到这个地方就止步了，再也没有向前去。

　　站在星宿海边，这里并不是一个"海"，连湖都算不上，而是一个盆形湿地，水较多，或称一条浅形湖，东西长 30 千米、南北宽 10 多千米，它要比扎陵湖小得多。然而，它是黄河源地域支流的汇集处，可以称作缓流区。

　　当走到星宿海西岸，看到星宿海的水是从约古宗列曲注入的。这一段河道宽水面浅，形成大片沼泽草滩和水泊，阳光下闪闪发亮犹如孔雀开屏。

　　在星宿海的北沿行进，这里是片片空旷之地，草地、水滩，很荒凉。南边是一条小河，水深大约一米，此地仍为约古宗列曲。

　　沿水流北岸又走了一段路，南边是麻多，为曲麻莱县的一个乡，站

作者向当地人询问黄河源头的走向

◆ 巴颜喀拉山

立的这个地方属于曲麻莱县的地域。

"曲麻莱"，提起这个县的名字有些陌生，这个县素有"江河源头第一县"的美称，因为黄河发源于本县麻多乡约古宗列地区，长江北源主要源流勒玛河、楚玛尔河、色吾河、代曲河均发源于该县境内。

来到麻多乡政府所在地，此地海拔4400米。"麻多"，藏语意为"黄河上游"。在此转了一圈，只有一条主街，设有政府办公机构。全乡以藏族为主，辖区内有郭洋、巴颜、扎日加等村落。

稍加休息，又开启了黄河源头的考察和采风活动。当乡里听说要去黄河源头，感到吃惊！说去那里的人很少。之后，找了一名藏族小伙带路。

出发了！这里到黄河源头大约50千米。离开麻多后顺着约古宗列曲一路向西。

开行初始，马路两边是沼泽，地广辽阔，一望无际。在沼泽地中穿行，领略窗外的风光！

带路的小伙子说："其实，原来这里没有路，后来在沼泽地修了这条路。"

这条公路穿过沼泽地，然后到达约古宗列盆地，已走出 20 多千米路，看到盆地中的约古宗列曲，弯弯曲曲。

"约古宗列"藏语意为"炒青稞的浅锅"。"约"指"这片土地"；"宗列"指"藏族炒青稞用的圆而平的锅"，比喻"盆地的形状"。盆地东西长 60 千米、南北宽 30 千米，四周是绵绵雪山。

◆ 戴"守护母亲河"红袖章者常年守护在黄河源头

在去往黄河源头途中，我听不太懂小伙的话，我想藏族女的一般叫卓玛，男的叫扎西，我干脆叫他扎西吧。扎西的话很多，汉文说得不太流利，他说就寻找黄河源头问题，反反复复经历上百年，还有多种记载。

扎西说："那是在清乾隆四十七年（1782年），皇帝派遣阿弥达探寻河源祭告河神。阿弥达在星宿海之西南发现一座山，他当时说的山，就是这一带。"

讲完，扎西做了解释，他说阿弥达描述的话语也有记载："此山崖壁赤黄，壁上有池，池中'流泉喷涌，酾为百道，皆为金色，同入于阿勒坦郭勒……为黄河之上源也。"

这是我国最早找黄河源头的记载。

问："新中国成立后呢？"

扎西一一做了介绍——

1952年，国家组织50多人，经过四个月考察。

1978年，国家第二次组织调查，认为卡日曲为黄河正源。

1985年，黄河水利委员会再次测量，并在约古宗列盆地西南隅竖立黄河源头标志。

而青海省电视台的纪录片摄制组认定黄河源头也是约古宗列曲支流。

扎西接着介绍说："中国地图册标注得很清楚：黄河发源于巴颜喀拉山北麓约古宗列盆地。黄河源头地区星宿海上源有三条支流——扎曲、约古宗列曲和卡日曲。科学考察队沿着约古宗列曲西行，找到她的尽头，并把这条河定为黄河正源。"

问："怎么还有个扎曲呢？"

扎西说："扎曲大部分时间断流，提的少了。"

这时，遇到一位藏族牧羊女，问："你知道黄河源头在哪里吗？"

牧羊女用手指了一下西边说："不远了，就在前边！"

仰望，巴颜喀拉山白雪皑皑！

脚下，约古宗列盆地坑坑洼洼！

眼前，约古宗列曲水流哗啦哗啦。

在牧羊女放牧的草地上，顺便来回走了一圈，感到有些头晕，此地的海拔4470米。

接着又跋涉半小时，黄河源头纪念碑终于出现在眼前。

久久凝视着"黄河源头"纪念碑，感慨万千！

这就是黄河的源头！

这就是黄河发源地！

黄河水流，从这里溢出……

黄河源头，从这里开始……

◆ 黄河源头

如果说"黄河之水天上来"，那么这里就是"天上"！

若是"奔流到海不复回"，那么从此地一直流到山东入海口不复回！

这时，想到了刘禹锡的诗："九曲黄河万里沙，浪淘风簸自天涯"。

同时也想到柳中庸的诗："三春白雪归青冢，万里黄河绕黑山"。

自古以来，有多少文人墨客描述黄河的源远流长……

今天，站在了黄河源头，怎能不激动呢！

这时，捧起一把黄河源头的泉水，一口喝下去，顿时心里格外醇甜！

激情一下子涌入心头，感到了勇气和力量的升腾：这就是黄河水啊！这就是中华民族的母亲河！她流出的是滋润中华民族的乳汁，她流出的是炎黄子孙的血液！

　　这里的泉水，不，是黄河之水，是生命之水！她蕴含着无穷的生命力，是这生命之水的浇灌、哺育，才有了中华民族和中华民族百折不挠的精神！

◆ 风雪中的黄河源……

　　站在黄河源头，顿时想到了一路走来：从山东、河南、山西、陕西、内蒙古、宁夏、甘肃、四川、青海，到脚下的源头，千辛万苦，最后到达终点，圆了我的黄河溯源梦！

　　从黄河入海口、三门峡、壶口瀑布、龙门、河套、青铜峡、黄河九曲十八弯、龙羊峡，直到黄河源头。马不停蹄，日夜兼程，最后完成5464千米的行进计划，体现了人生价值！

　　日落西山，峰回路转。途中，雪山、湖水、河源仍在脑海中翻转着——

　　"黄河之水天上来，奔流到海不复回！"

　　亲吻吧！流淌着乳汁的黄河！

　　拥抱吧！伟大祖国的母亲河！

后　记

　　"不到黄河不死心"，黄河溯源的愿望终于实现了！

　　从黄河源归来感受很深，采风耗时三个多月，最大的收获是弄清了黄河为什么叫"祖国母亲河"，为什么是中华民族的摇篮、发源地。通过沿途一次次访问、记录，真真正正掌握了有关黄河的第一手资料，为出版这本《拥抱母亲河》打下了基础。

　　出一本书，第一是采，第二是写。现在宣传战线践行"四力"即脚力、眼力、脑力、笔力，而笔力显得更为重要。

　　这次动笔前，动脑筋下了很大力量策划，写什么，重点在哪里，都要进行筛选。因为黄河流域的面太大了，如果统统写下来，那就包括得太多了。再者，走黄河这条线，其中很多地方是我第二次去，需要写的太多了。为此，我选择了黄河沿岸，太远的地方尽可能不去涉及，除非别有特色。

　　日夜奋战，终于成稿。

　　《拥抱母亲河》共九章 53 篇，插进我实地拍摄的 400 多幅照片。

　　在此，特别感谢单士勇、许民、张晓林、丁改生、干志强、陈绍清、秦虹、凌芸、陈莉等为我提供了我没有抓拍到或没有拍好的照片。

　　我现已出版了《乡路》《乡情》《乡曲》《春韵》《千山万水——重走长征路》《西藏穿行》《穿越大西北》《进军阿里——李狄三和他

的先遣连》《行走南极》《去南美》《去加勒比海》《去中美洲》《去北美》《去大洋洲》《去非洲》《去欧洲》《走遍亚洲》《亲吻祖国——丈量国境线纪实》共计 18 本图书。此外，24 集长篇电视连续剧《先遣连》（编剧）已在中央电视台一频道晚 8 点黄金时段播出并获得中国电视剧最高奖（政府奖）"飞天奖"一等奖，《去北美》《去欧洲》获"彩凤奖"特等奖，《进军阿里》获"五个一工程"奖。这些书籍的正式出版发行和长篇电视连续剧面向全国的播出，受到广大读者和观众的好评，在此一并表示真诚的感谢！

出版之际，向黄河沿途各水库大坝及黄河上、中、下游管理部门的工作人员一并问好、致敬！

"黄河落天走东海，万里写入胸怀间"。

《拥抱母亲河》就要和广大读者见面了：我愿带您走进白雪皑皑的巴颜喀拉山见识"黄河之水天上来"，去往波涛滚滚的壶口瀑布直观"飞流直下三千尺，疑是银河落九天"，到达袅袅娜娜沼泽连片的黄河三角洲湿地眺望"白日依山尽，黄河入海流"！

作者王喜民于北京

2024 年 9 月